CLIMAPOCALYPSO
Das Musical zur Krise

von Konrad Yona Riggenmann

Bibliografische Information der Deutschen Nationalbibliothek:
Die Deutsche Nationalbibliothek verzeichnet diese Publikation
in der Deutschen Nationalbibliografie;
detaillierte bibliografische Daten sind
im Internet über http://dnb.dnb.de abrufbar.

Herstellung und Verlag: BoD – Books on Demand, Norderstedt

ISBN: 9783752885767

CLIMAPOCALYPSO
Das Musical zur Krise

Rollen:

Greta	Schülerin	w
Dok	Schüler	m
Klimephisto	Der stets das Böse will	m/(w?)
Rapha	Archangela (et cetera)	w
Gabri	Archangela (et cetera)	w
Micha	Archangela (et cetera)	w
Harry	Klimusiker	m
Rosa	Klimusiker/in	w/m
Ira	Klimusiker/in	w/m

Statt Apok Calypso?

„You will die of old age. I will die of climate change. "
Diesen Spruch, auf Pappkarton hochgehalten von einem geschätzte 16
Jahre jungen Mädchen bei der Klimademo in Curitiba am 20. September
2019, empfand ich als Anklage. Aber wie mich verteidigen? Etwa wie
folgt? *„Olha, moça, mit 16 habe ich mein Pflichtreferat über Rachel
Carsons Buch „Der stumme Frühling" gehalten. Das war 1969. Im
Dezember 1980 wurde ich Mitglied der Grünen, und im Sommer 81
gab ich meinen wissbegierigen Fünftklässlern eine Biostunde über
Schutz der Umwelt, besonders vor Treibhausgasen. Wegen diesen
verkaufte ich im selben Jahr meinen Sportfallschirm (10 Liter Sprit
pro Sprung), schenkte 1983 meinen von selbigen Fünftklässlern schön
angemalten, 17 PS starken Citroen einer Bekannten, baute 1987 mit
meinen Werkschülern ein von mir konstruiertes Solarmobilmodell, das
die Schweizer Illustrierte „Blick" später als „schönstes Spielzeug des
Jahres" lobte, installierte 1988-1990 zwei Solaranlagen (thermisch
und photovoltaisch), investierte mein autofrei Erspartes 1996 in drei
Windräder und war die ganzen Jahre zu Fuß, mit Fahrrad, Liegerad
und öffentlichen Verkehrsmitteln ziemlich öko mobil. Leider auch
mehrmals per Flugzeug, mit allerdings verzeihlichen Zielen, wie etwa
Bau eines Kindergartens mit der Solidaritätsbrigade Bertolt Brecht in
Nicaragua (1985), Feldforschung für mein pädagogisches mestrado
und doutorado hier in Brasilien und den USA (1998-2000) sowie für
ein Faltradreisebuch Jordan-Nil im Winter 2005. Mit meinem letzten
Flug landete ich im Herbst 2011 (wieder mit Faltrad) in São Paulo, fuhr
per Bus hierher in die „vegane Hauptstadt" Brasiliens, half Emerson
und Joselaine beim Aufbau ihres veganen Lanchonete – du kennst es
sicher – und seit 2017 habe ich auf meiner kleinen agrofloresta fast
200 Bananeiras, Abacateiras und Goiabeiras gepflanzt. Du hast ja
recht, was hilft das, wo gleichzeitig Amazonien abgebrannt wird, um
Futter für Europas Rinder und Chinas Schweine anzubauen? Aber sag
mir altem Mann was Besseres ...*

Während in Brasilien unter einem ultrarechten Machisten der Regenwald noch schneller in Rauch aufgeht, scheint, von Europa ausgehend,
die Jugend weltweit mit Erfolg eine radikale Kursänderung einzufor-
dern, und die Reaktionen der reifegeprüften Erwachsenen erinnern an
die Entscheidungsträger in Stanley Kubricks apokalyptischem „Doktor Seltsam", auf Englisch *„Dr. Strangelove or: How I Learned to
Stop Worrying and Love the Bomb "*. Am Schluss, als durch männliche

6

Borniertheit die Weltvernichtungsmaschine sich eingeschaltet und Strangelove den Herren erklärt hat, wie durch ein Bunker-Programm „Zehn Frauen pro Mann" die Erde nachher neu bevölkert werden muss, kann der seltsame deutsche Doktor im Pentagon seinen Arm nicht mehr zurückhalten, der schnellt heraus zum Führergruß und die tragische Farce endet mit dem Song der alliierten Nazi-Gegner: *„ We'll meet again. "*

Diese alliierten Soldaten hatten mit hohem Blutzoll ein Drittes Reich verkürzt, das eigentlich auf tausend Jahre angelegt war, wohl weil im Kapitel 20 der biblischen Apokalypse der Satan (Herr einer Synagoge im Vers 2:9) in Fesseln gelegt wird „für tausend Jahre". Und dann fällt Feuer vom Himmel und die Bösen müssen in den Feuerpfuhl.

Die Erderhitzung wird, wenn wir weiterschlafen, mehr Opfer fordern als die Genozide an den Nichtariern des nicht ganz Tausendjährigen Reiches, an den Nichtweißen des entdeckten Amerikas und des versklavten Afrikas, also just den Gruppen von Untermenschen, die für Climapocalypso die Musik machten. Er wird mehr fordern, weil wir nach 2.500 Jahren noch immer unfähig sind, das Gebot gleicher Rechte – „Liebe den Andern wie dich selbst" in Leviticus 19:18, bzw. „Behandle andere, wie du selbst behandelt werden möchtest" zeitgleich im indischen Mahabharata – im Sinne der *Nächsten* (Generationen), der Kinder dieser Welt, politisch umzusetzen.

Und was soll da ein Stück Theater – wenn nicht aktivieren und statt primieren sensibilisieren? „We'll meet again"? Das wäre schön! Nicht erst dann, wenn klar werden sollte, dass der Mensch für diese sensible Planetin schlicht zu grobschlächtig war, sondern wenn schon durchscheint, dass unsere Spezies ihre Reifeprüfung bestehen wird?

Zum Welt-Autismus-Tag am 3.April 2019 brachte die Deutsche Welle eine Liste berühmter Beispiele, mit Einstein an erster, Mozart an dritter, und wer wohl an zweiter Stelle? Alle drei (und der „Autist" Kubrick) sind für mich eher Introvertierte und HSPs, nämlich *Highly Sensitive Personalities*, gemäß der US-Psychologin Elaine Aron, die über solche Sensibelchen und sich selber schreibt: „Schließlich haben wir ein profundes Talent, das wahrzunehmen, was andere übersehen oder leugnen, und es ist Ignoranz, was den Schaden hervorruft, wieder und wieder." Schon 2001 war Aron sicher, „dass HSPs sich viel mehr Sorgen wegen Erderwärmung machen als Nicht-Hochsensible". In „Jenseits der Norm – hochbegabt und hoch sensibel?" betont Andrea Brackmann die „ausgeprägte Empfindsamkeit" und das „starke Gerechtigkeitsgefühl" hochbegabter Kinder. „Sie machen sich überdurchschnittlich viele Sorgen um andere und denken schon früh über die Umwelt, soziale Probleme und den Tod nach", sind „nicht nur auf geistiger Ebene hoch ansprechbar, sondern auch auf emotionaler und sensorischer Ebene hoch empfindsam. [...] Auffallend viele Hochbegabte ... sind strikte Vegetarier".[1] Marie-Louise von Franz erkennt in diesen Intuitiven ein Talent, „die Zukunft zu *erriechen*", das „generell erst von späteren Generationen verstanden wird."[2] Zum Beispiel die Wissenschaftlerin, die 1856 als erste die erderwärmende Wirkung von Kohlendioxid erkannte? Ein männlicher Kollege musste es übernehmen, bei einem Kongress die wissenschaftliche Arbeit dieser Frauenrechtlerin Eunice Foote vorzustellen, die zusammen mit ihren zwei Töchtern, nämlich der frauenrechtlich/vegetarisch aktiven Mary und der Meeresbiologin Augusta, die von Jacques Derrida „carnophallogisch" genannte Dominanz ganz gut bestätigen könnte: Voll anerkannt wirst du hier nur, wenn du Mann bist, Fleisch isst und das Wort hast. Das Wort hat die Veganerin zwischen dem Geiger von Ulm und dem Zauberflötisten:

„Ich heiße Greta Thunberg, bin 15 Jahre alt und komme aus Schweden. Ich spreche jetzt über Klimagerechtigkeit.
Viele Leute sagen, Schweden sei nur ein kleines Land und was wir tun, habe keine Bedeutung. Aber ich habe gelernt, dass du nie zu klein bist, um etwas zu verändern. Und wenn ein paar Kinder weltweit Schlagzeilen machen, nur weil sie nicht zur Schule gehen, dann stellt euch vor, was wir zusammen erreichen könnten, wenn wir wirklich wollten! Aber um das zu erreichen, müssen wir Klartext reden, egal wie nervig das ist.
Ihr sprecht nur über ewiges grünes Wirtschaftswachstum, weil ihr Angst habt, unbeliebt zu sein. Ihr sprecht nur über Weitermachen mit denselben schlechten Ideen, die uns in diesen Schlamassel brachten, auch wenn das einzig Sinnvolle ist, die Notbremse zu ziehen.
Ihr seid nicht reif genug, zu sagen, was Sache ist. Auch diese Aufgabe überlasst ihr uns Kindern. Aber mir ist gleich, ob ich beliebt bin. Was mir nicht gleich ist, sind Klimagerechtigkeit und der lebende Planet.
Unsere Zivilisation wird geopfert für die Chance einer sehr kleinen Zahl von Menschen, weiter enorme Haufen Geld zu verdienen. Unsere Biosphäre wird geopfert, damit reiche Leute in Ländern wie dem meinen in Luxus leben können. Die Leiden der Vielen bezahlen den Luxus der Wenigen.

---

1 Brackmann, p.16, 48, 92.
2 Aron, Elaine: The Highly Sensitive Personality. NY 1998, p.36f, 209,213.

Im Jahr 2078 möchte ich meinen 75.Geburtstag feiern. Falls ich Kinder habe, werden sie vielleicht den Tag mit mir verbringen. Vielleicht werden sie mich über euch befragen. Vielleicht werden sie wissen wollen, warum ihr nichts getan habt, als noch Zeit war. Ihr sagt, ihr liebt eure Kinder über alles, und trotzdem stehlt ihr ihnen die Zukunft, vor ihren eigenen Augen ... "[3]

Enthält Thunbergs Statement etwas Religiöses, das den breiten Raum der Goetheschen „Gretchenfrage" in diesem Klimusical rechtfertigen würde – abgesehen davon, dass angesichts klarer wissenschaftlicher Daten zu Not und Wendigkeit tatsächlich alles von Moral abhängt? Um „Klimagerechtigkeit und den lebenden Planeten" geht es der jungen Aktivistin. „Gerechtigkeit, Gerechtigkeit sollst du suchen" (*sedek, sedek tirdof*) und „Wähle das Leben, auf dass du und deine Kinder leben" fordert das fünfte Buch Moses (16:20;30:19-20) in einem resoluten Entweder-Oder-Appell, „so dass ihr auf dieser Erde (*adamá*) lange wohnen bleibt".
Ist da was Religiöses im spöttischen Vierzeiler des Mephisto?

Von Zeit zu Zeit seh ich den Alten gern
und hüte mich, mit ihm zu brechen.
Es ist gar hübsch von einem großen Herrn,
so menschlich mit dem Teufel selbst zu sprechen.

Gott spricht menschlich mit dem Teufel: Woher hat der Goethe das? „Eines Tages kamen die Söhne Gottes (*benei elohim*), unter ihnen auch der Satan, um vor Jahwe hinzutreten, und Jahwe fragte Satan: Wo bist du gewesen?" (Hiob 2:1). Sehr deutlich nimmt Goethe die Szene aus Hiobs Kapitel 2 als Modell seines zweiten Vorspiels, wo der Satan aus dem Kreis der drei „Göttersöhne" Raphael, Gabriel und Michael heraustritt und vom Herrn nicht gefragt wird „Hast du meinen Diener Hiob bemerkt?" sondern „Kennst du den Faust?" Und dann übergibt der „Alte" dem satanischen Wettpartner „den Faust ... meinen Knecht" bzw. „meinen Knecht Hiob" zum Resilienztest.
Den Goetheschen Zauberlehrling rettet der „alte Meister" gerade noch rechtzeitig vor'm Versaufen in den Wassermassen, die der durch Zauberspruch aktivierte Besenroboter mit deutschem Befehlsgehorsam

---

3 Rede bei der Weltklimakonferenz in Kattowitz, am 12.12.2018. Greta ist verwandt mit dem Nobelpreisträger Svante Arrhenius, der schon 1908 die Erderwärmung voraussagte.

herbeizuschleppen nicht aufhört. Woher hat der Goethe das? In der jüdischen Legende gibt die Gattin des Rabbi Löw dem Golem – dem robotischen Diener, den ihr Gatte aus Lehm geformt hat, um den Prager Juden einen starken Beschützer zu verschaffen – den Auftrag, Wasser ins Haus zu tragen, während sie selber auf den Markt geht. Hier ist es der alte *Rabbi* (hebräisch für Meister), der den Roboter zum Stillstand bringt, indem er den Zettel mit dem Gottesnamen unter der Zunge des Golem herauszieht.

„Im Leben Goethes und in seinem Werk liegt eine Auseinandersetzung mit dem Christentum, die zu den großen aller Zeiten gehört." So urteilte der Jesuit Friedrich Muckermann, Goethe-Preisträger des Jahres 1932. „Alle Schöpfung ist Werk der Natur" schrieb Goethe 1796. Sein früh geäußerter Wille „Gott in der Natur, die Natur in Gott zu sehen" erinnert an den Pantheismus des Baruch Spinoza (1632-1677), jenes marranischen Linsenschleifers und Philosophen, den Amsterdams portugiesische Synagoge anno 1656 exkommunizierte, während die Kirche seinen *Tractatus theologico-politicus* erst 1674 verbieten lassen konnte. In seinem Buch über Marranos und Moderne *The Other Within* präsentiert Yirmiyahu Yovel diesen Spinoza als Vertreter einer vor-aufklärerischen Avantgarde, die statt jenseitigem Lohn die materielle, naturgesetzliche, vom Menschen mit ethischem Werkzeug zu verbessernde Welt ins Zentrum rückte; als einen jener marranischen Skeptiker, die durch ihren Nonkonformismus als *„ catalysts in modernizing trends "* Europas wirkten.[4] Spinoza wie Goethe? Aber letzterer ist doch kein Marrano, und sein Faust kein pícaro-Schelmenroman wie der Don Quixote des marranischen Cervantes. Oder?

Sadok Seli Soltan (1270-1328) war vermutlich der erste türkische Bürger Deutschlands. Der aus Syrien mitgebrachte Kreuzzugsgefangene wurde dank seiner Tapferkeit ein deutscher Obrist, nahm 1304 Rebecka Dohlerin zur Frau und 1305 das Taufwasser in Brackenheim. Bis zum Ende des 16.Jahrhunderts, als französische Hugenottinnen nach Deutschland flohen, gab es hier keine Christinnen namens Rebecca, aber dreihundert Opfer namens Doler, Toler, Toller (wie der 1933 exilierte Dramatiker Ernst Toller) starben in der Shoah.

Nicht wenige deutsche Historiker nehmen an, dass Goethe, „von dem man seit dem 19. Jahrhundert weiß, dass er mütterlicherseits einen orientalischen Vorfahren hat" (wikipedia) und der in seinem West-Östlichen Diwan der arabischen Poesie ein kongeniales Denkmal setzte, ein Urenkel von Sadok und Rebecka Soltan war. „Von allen Geistern,

---

4 Yovel, Yirmiyahu, The Other Within, Princeton 2009, p.276, 334-339;

die verneinen, ist mir der Schalk am wenigsten zur Last" sagt Goethes Gott augenzwinkernd über Mephisto. Während Spinoza die Natur mit Gott gleichsetzt, erkennt der bekennende „Heide" Goethe im Gespräch mit Johann Peter Eckerman am Freitag, 13.Februar 1829, drei Jahre vor seinem Tod, eine göttliche Unfehlbarkeit in ihr, zusammen mit der Strenge einer altgedienten Oberlehrerin, welche wir kleinen Rabauken klimapokalyptisch bald zu spüren bekommen können.

„Die Natur versteht gar keinen Spaß, sie ist immer wahr, immer ernst, immer strenge; sie hat immer recht, und die Fehler und Irrtümer sind immer des Menschen. "

Foto des jungen Baumschützers: mit Dank an Avaaz.org, 19.07.2019, "Parem de matar a Amazônia!" (Hört auf, Amazonien zu töten).

Prelude auf der Erde

Shto Mne Gore Das traditionelle Sinti-Roma-Lied *Shto mne gore* („Was mich bekümmert"), wurde erstmals publiziert 1924 vom jüdischen Musiker Samuel Yakovlevich Pokrass (Kiew 1894-New York 1939).
In Strandkleidung, sich mit Handtüchern Kühlung fächelnd, treten die drei Archangelae nacheinander auf die Bühne und singen unbegleitet ihre Verse, während sie sich in die auf der Himmelsebene im Bühnenhintergrund bereitliegenden Kostüme (blaue Toga, Gürtel, Flügel aus Pappe oder Plastik) kleiden und dabei auf diese kühlere Ebene hinaufsteigen.

Rapha: Leute, schön, dass ihr gekommen seid.
Und pünktlich, denn was beim Klima zählt ist ja die Zeit.
Und die läuft uns davon, [sie schaut auf die Uhr]
Viertel nach ist es schon.
und wir wer'n nicht gescheiter, mach'n stur so weiter,
    führen uns auf wie narrisch
    stilvoll echt barbarisch,
    malträtier'n unsere Planeta,
    schlachten Tiere munter,
    machen Wälder runter
    lassen kein Gewässer rein und tanken
    täglich ohne Sparen
    Öl von tausend Jahren,
    brenzlig für die Existenz von
    uns und tausend Arten,
    was soll man erwarten
    vom Tyrannosapiens?

Gabri: Leute, das wird jetzt nicht Weiß-Gott-was
Klimacrash ist ja nicht der größte Heidenspaß
Vielleicht wird er 'ne Tragödie
für die Menschheit, die blödie.
Aber hier wird's nicht tragisch,
sondern eher magisch,
    denn wir klau'n von Goethe
    Doktor Faust und Grete
    und dazu noch den Mephisto,

der so große Macht hat
dass er Gott setzt Schach matt
und wir singen auch Calypso!
Außerdem La Bamba,
Noel Rosa's Samba,
Gershwin und zwei Songs vom Osten.
Zwar nicht allzu lustisch,
kommt ihr doch akustisch
hier halbwegs auf eure Kosten.

Mica: Leute bitte, erhofft nicht zu viel
Was wir hier mach'n, ist Theater, nichts weiter als ein Spiel,
öde für manchen Mann,
denn wir zieh'n uns nur an,
blau wie Schimmel für Goethes Prolog im Himmel,
    weil's die Erde peinigt,
    sich täglich beschleunigt
    Gletscher schmelzen, Wälder brennen.
    Die Korallen sterben
    und zwar ohne Erben
    und der Permafrost taut auf, dort unten ...
    Schnell und immer schneller,
    es wird täglich toller,
    endlich kommt die Welt auf Touren,
    während wir hier oben
    soll'n die Schöpfung loben
    als Goethes Engel schimmelblau.

1.Szene: Prolog im Himmel *(wie in Goethes Faust)*

Nun auf der „Himmelsebene" im Bühnenhintergrund stehend,
deklamieren die schimmelblauen Engel Goethes Verse.

Rapha: *Die Sonne tönt nach alter Weise
        in Brudersphären Wettgesang
        und ihre vorgeschriebne Reise
        vollendet sie mit Donnergang.
        Ihr Anblick gibt den Engeln Stärke,
        wenn keiner sie ergründen mag;*

die unbegreiflich hohen Werke
sind herrlich wie am ersten Tag.

Auf der „irdischen" Ebene tritt Mephi, der Klimephisto, farblich im Kostüm (rot-schwarz) wie auch durch seine Maske als „satanisch" kenntlich, mit skeptischer Lässigkeit an die Himmelsebene heran und steigt allmählich hinauf.

Mephi: Und unerträglich sind die Hitzegrade
Seit neuestem – na ja, wer's mag.

Gabri: *Und schnell und unbegreiflich schnelle*
dreht sich umher der Erde Pracht;
es wechselt Paradieseshelle
mit tiefer, schauervoller Nacht;
es schäumt das Meer in breiten Flüssen
am tiefen Grund der Felsen auf,
und Fels und Meer wird fortgerissen
in ewig schnellem Sphärenlauf.

Mephi: Und fort sind die Korallenriffe,
gestorben im zu warmen Meer,
das voll ist schon von Gift und Plastik
und zunehmend von Fischen leer.

Micha: *Und Stürme brausen um die Wette,*
vom Meer aufs Land, vom Land aufs Meer,
und bilden wütend eine Kette
der tiefsten Wirkung rings umher.
da flammt ein blitzendes Verheeren
dem Pfade vor des Donnerschlags;
doch deine Boten, Herr, verehren
das sanfte Wandeln deines Tags.

Alle drei: *Der Anblick gibt uns Engeln Stärke,*
da keiner dich ergründen mag,
und alle deine hohen Werke
sind herrlich wie am ersten Tag.

Mephi: Nur diese hohen Temp'raturen,
die war'n vom Herrn nicht so geplant.

Vermutlich. Oder doch? Denn schließlich
gab *er* die Kohle ja in Menschenhand
und dann das Erdöl tonnenweise.
Und so begann die ganze Scheiße.

Empört beziehen die Engel Position.

Rapha: Benimm dich, Kerl! Hier in des Himmels Sphären
Hält man von Erdenschmutz sich rein,
Und wählt wie Goethe seine Worte!
Nimm diese Warnung von uns drei'n!

[Sie dreht sich demonstrativ um, ihre Kolleginnen herrschen den
Widersacher mit spitzem Finger an]

Gabri und **Micha:** O-kay?!

Mephi: Und so begann die ganze – Kacke,
die nun der Welt zu schaffen macht:
Die Karbondioxidekacke
Liegt in der Luft als böse Fracht.
Was Jahrmillionen in der Erde
begraben war tief unter'm Kies,
das Holz vom Baume der Erkenntnis,
das Schlangenöl vom Paradies,
das pumpt der Adam aus dem Boden
und macht damit die Welt kaputt,
die Welt der ungebor'nen Kinder
und das, ihr drei, find' ich nicht gut.

Gabri: Der Herr, der Erdöl hat erschaffen
und unter'm Kies bereitgelegt,
wird sorgen, dass der Mensch ...

Mephi: ... der Sohn des Affen ...

Gabri: ... nicht an dem eignen Aste sägt!

[Sie dreht sich um wie Rapha]

Micha: Der Herr wird seine Menschheit retten!

[Auch sie dreht sich nun trotzig um]

Mephi: Woll'n wir wetten?
Zeit ist noch ein Dutzend Jahre.
Denn bis dahin kommt ins Klare,
wohin geh'n wird uns're Reise,
in eine Zukunft, eine gute –
oder eine *höllisch* ... h*eiße*.
Und da nun mal in alte Herren
ich sparsam nur Vertrauen habe,
muss ich auf junge Menschen weisen,
auf ihren Willen, ihre Gabe,
das Steuer noch herumzureißen,
mit dem die Alten Richtung Abgrund fahren
so wie schon seit zweihundert Jahren,
nur heute mit mehr Gas als je zuvor.

[Er setzt sich, lässt die Beine vom Himmel baumeln, während unter ihm zwei Irdische auftreten ...]

2.Szene: Greta und der Doktor

Sie mit Zöpfen, er mit Brille kommen, vertieft in ihre Bücher und ohne sich gegenseitig wahrzunehmen, rückwärts gehend langsam aufeinander zu, bis sie rücklings aneinander stoßen.

Dok: Ah, nicht schon wieder. Die Autistin.

Greta: Nicht schon wieder, der zerstreute Doktor.

Dok: Seltsamer Zufall, dass wir immer wieder zusammenstoßen.

Greta: Zufälle gibt's nicht. Alles, was geschieht, gehorcht dem Kausalitätsprinzip.

Dok: So, meinst du? Dann ist alles vorherbestimmt, seit Anbeginn der Zeiten, seit dem Urknall?

Greta: Nein Quatsch, wir Menschen können ja frei entscheiden. Wir haben Bewusstsein und Willensfreiheit, und vorherbestimmt ist gar nichts.

Dok: Und warum entscheidet dein Unbewusstes, immer mit mir zusammenzustoßen?

Greta: Warum ich? Vielleicht entscheidest du das, unterbewusst?

Dok: Warum sollte ich, der intelligenteste und gutest aussehende Schüler dieser Schule, ausgerechnet mit einem, na ja, nicht gerade magnetisch attraktiven Mädchen wie dir zusammenstoßen wollen?

Greta: Vielleicht, weil du auch 'nen Urknall hast. Aber jetzt versteh ich wenigstens, warum sie dich in deiner Klasse den Doktor nennen.

Dok: Doktor Faust, genau. Und du bist die Greta mit den Zöpfen wie die Gretel im Märchen.

Greta: Ach, du liest gerne Märchen?

Dok: Gebrüder Grimm, genau. Ich möcht' ja Professor für Germanistik werden. Drum les ich Grimm, und Grass, und besonders Goethe. Der befasst sich übrigens auch mit der Willensfreiheit, in seinem Theaterstück vom Doktor Faust. Dieser Doktor ist ein Gelehrter, der Philosophie und Rechtslehre, Medizin und Theologie gebüffelt hat, aber sich sagen muss: „Da steh ich nun, ich armer Tor, und bin so klug als wie zuvor." Weil er die Natur nicht versteht. Natura, lateinisch das Geborenwerden ...

Greta: Warum man geboren wird auf diesem Planeten ...

Dok: Und alle anderen Naturvorgänge, wie Liebe, Feuer und Vulkane, das Pflanzenwachstum und das Röslein auf der Heide.

Greta: Auch Naturvorgänge wie den Klimawandel?

Dok: Ah, dein Dauerthema. Aber Klimakrise gab's damals

noch nicht.

Greta: Ach nee, sag bloß?

Dok: Da gab's nur Klima. Deutschland kalt, Italien prima.

Greta: Und deshalb ist Goethe ja auch für zwei Jahre nach Italien gereist, wo er viele Theater besuchte und in der Natur rumwanderte. Zum Beispiel auf den Vesuv. Erst 1788 kam er zurück nach Weimar, und zehn Jahre später schrieb er den Doktor Faust.

Dok: Ey, du bist ja gar nicht so flach. Dann weißt du wohl schon, dass der Doktor Faust den fast fanatischen Willen hat, *mit allen Mitteln* die Natur zu verstehen, verstehst du? Er will das, kost' es was es wolle: „Erkennen, was die Welt im Innersten zusammenhält". Und sein Gegenspieler ist der Mephisto, so'ne Art Teufel oder Satan, der über sich selber sagt, er sei „ein Teil von jener Kraft, die stets das Böse will und stets das Gute schafft".

Greta: Und der Klimawandel? Den verstehen wir doch schon. Wir haben doch alle Daten, wir wissen, was kommt, und dass es böse ausgeh'n kann, böse ausgehen muss.

Dok: Schon im Jahr 1896 hat der Nobelpreisträger Svante Arrhenius ausgerechnet, wie sich die Erdtemperatur verändern würde, wenn wir CO_2 in der Atmosphäre verdoppeln, und seine Berechnung von damals ist immer noch richtig, stimmt's?

Greta: Schon vierzig Jahre vor ihm hat eine Frau dasselbe erkannt, mit einem einfachen Versuch: Luftpumpe, Thermometer und zwei Glaskolben, gefüllt mit erstens Luft, zweitens Wasserstoff und drittens CO_2. Sie schrieb: *"An atmosphere of that gas would give our earth a high temperature."*

Dok: Wann war das?

Greta: 1856. Warum tun wir nichts gegen die Katastrophe? Weil wir das Böse wollen? Wer will das Böse? Die Erderhitzung, Artensterben, Dürre und Überflutungen, wollen wir das? Wollen wir, dass Millionen oder Milliarden Menschen aus ihrer Heimat flüchten müssen? Und flüchten, wohin?

18

Dok: Eehm – auf andere Planeten?

Greta: Andere – Pschiung ... [sie mimt mit dem Finger die Verrücktheit der Idee: Rakete am Kopf vorbei] – Planeten?

Dok: Ich weiß, das ist verrückt, das geht nicht, und keiner will das echt. Kein Mensch will ja die Erderhitzung, aber alle wollen Auto fahren, in Urlaub fliegen und Steak grillen.

Greta: Hitze wie am Grill will keiner, okay. Aber viele, viel zu viele wollen immer noch nicht sehen, was sie anrichten. Vielleicht ist das Böse einfach das Nicht-sehen-wollen?

Dok: Das Gewohnte nicht aufgeben wollen. Wir sind Sklaven unserer Gewohnheiten. Und Goethe sagte: „Niemand ist mehr Sklave, als der sich für frei hält, ohne es zu sein".[5]

3.Szene: Fahren

Greta: Sklaven, das ist ein wichtiger Punkt. Als es noch keine Autos gab, ließen ganz reiche Leute, zum Beispiel Pharaonen, sich von Sklaven durch die Gegend tragen. Weniger reiche Leute benutzten Tiere als Sklaven: Esel zum Lasten tragen, Rentiere zum Schlitten ziehen, Elefanten als Kriegswaffen, Ochsen als Dreschmaschinen, und natürlich Pferde zum Reiten und Kutschenziehen: Das waren unsere Autos, mit Tieren als Motoren ...

Dok: Bis wir die Kraft der Tiere ersetzen lernten durch die Kraft des Feuers. Und das Feuer anzumachen wurde immer leichter. Keine Feuersteine mehr und keine Streichhölzer, nur den Zündschlüssel dreh'n ...

Greta: ... und schon geht's mit vollem Tank auf die Autobahn.

Dok: Fahr'n, fahr'n, fahr'n, und ohne Autobahn geht's nicht, glaub' ich zumindest. Was ist schlecht am Fahren? Das Wort

---

5   Die Wahlverwandtschaften, 2. Teil, Kapitel 5, Aus Ottiliens Tagebuche.

steckt ja auch im *Er*-fahren, Und Erfahrungen sind doch ganz wichtig in jedem Menschenleben. Alte Leute haben viel Lebenserfahrung, und deshalb gelten sie als weise, oder? Weil sie viel gefahren sind.

Greta: Aber muss man dazu Auto fahren? Denk doch mal an deinen Goethe, und an seine Zeitgenossen wie Kant, Heine, Humboldt, die Astronomin Caroline Herschel, die Sklavenbefreierin Harriet Tubman, die Frauenrechtlerin Sojourner Truth [alle auf der Leinwand] und Eunice Foote: Die hatten nicht mal Fahrräder! Wir haben jede Menge Daimlerfahrung und Lasterfahrung, aber null Klimadesasterfahrung. Keine Menschengeneration vor uns hat je einen Klimawandel durchgemacht von der Art, wie wir ihn zur Zeit veranstalten ...

Mephi: Ver-an-stal-ten? [Er springt mit vampirmäßig flatterndem Cape von der Himmelsebene herunter, bleibt in gebückter Schleichhaltung]. Sagen wir doch besser: Heraufbeschwören!!! [Bei diesem Wort macht er sich groß, sein schwarzes Cape wie Dracula spreizend]

Greta: Heraufbeschwören durch Verbrennungsmotören.

Dok: Das ist des Pudels Kern! [Er steuert die Beamer-Präsentation] Zuerst verbrannte man Kohle, ab etwa dem Jahr 1800, in Dampfmaschinen für Fabriken, Schiffe, Eisenbahn, und zum Wasserpumpen in Kohlebergwerken. Die Ausbeutung von Erdöl bekam ihren Schwung erst, als John D. Rockefeller die Standard Oil Company gründete und bald der reichste Mann der Welt wurde. Um das Öl billig zu transportieren, machte Rockefeller – seine Vorfahren stammen übrigens aus Roggenfeld im schönen Rheinland – einen schlauen Deal mit der US-Eisenbahngesellschaft. Das war 1870.

Greta: Die flüssige Energie war da. Jetzt brauchte man nur noch Fahrzeuge mit großen Tanks für große Reichweiten. Und zwei Schwaben, die so was konstruieren.

Dok: Der Daimler Gottfried und der Benzen Carle, des send doch Kerle, und die könnet des, und die machet des, gell?

Greta: Schwaben können alles außer Hochdeutsch. Weißt du übrigens, warum der Daimler-Benz aus dem Schwabenland Mercedes heißt? Ist das nicht ein spanischer Mädchenname?

Dok: Ja, klingt so. Aber warum soll ein schwäbisches Auto einen spanischen Mädchennamen haben? Ich weiß es nicht, ganz schlicht.

Harry: [mitten im Publikum] Aber i woiß es. Bei Mercedes kann i mitschwätza. Do bin i a Datenbank.

Mephi: Dankt dem Herrn für alle Gaben
auch für einen Daimlerschwaben.

Harry: Beim Daimler kenn i mi aus, in alle Details.

Mephi: Erzähl uns jedes.
Doch red nichts Blödes
von der Mercedes!

Harry: Die Mercedes war die Tochter von dem Wiener Diplomaten Emil Jellinek. Der war oiner von de erschte Autofans und hat sich 1897 sein' erschten Daimler kauft und 1899 den zweiten, mit 16 PS, jawohl, sechzeh. Den hat er bei em Autorenna in Nizza unter'm Nama von seiner Tochter ang'meldet und prompt des Renna g'wonna. Und warum hat des Mädle Mercedes g'heißa? Weil die Vorfahren von ihrer Oma Rosalia, geborene Bettelheim, spanische Juden waret, zur Zeit der Scheiterhaufen. Ihr Opa war der Wiener Rabbiner Adolf Jellinek, und sei Enkeltöchterle Mercedes isch im selbiga Jahr 1889 auf d' Welt komma wie der andere Adolf aus Österreich, der wo anno 1934 den deutschen Volks-Wagen propagiert hat, für die deutsche Autobahn, mit 100 Stundenkilo Spitze und Preis unter 1000 Reichsmark. Bloß hat unter Hitler des Volk kein' einzigen Wagen kriegt, kein' gotzigen. Die Fabrik in Wolfsburg hat Kübelwagen produziert, für den Krieg. Erst nach 1945 gab's die ersten VW Käfer, und 2003 den letzten von 22 Millionen. Der letzte isch in Mexiko vom Fließband g'laufa. Aber was isch a Käfer im Vergleich zu unser'm schwäbischen Daimler?

Greta: Die Mercedes war also Jüdin?

Harry: Ja, aber sie isch scho vor Hitlers Machtergreifung g'storba. An Knochenkrebs. Ein Auto hat sie selber nie gekauft.

Greta: Ich hab ein Gedicht geschrieben zu einem berühmten schwäbischen Juden, der in derselben Stadt geboren ist wie der berühmte Flugpionier, der Schneider von Ulm.

Dok: Ulm? Dann geht dein Gedicht vielleicht über Albert Einstein?

Greta: Genau.

Dok: Und was hat der mit deinem Dauerthema Klima zu tun?

Greta: Na überleg mal. Relativitätstheorie. Energie, Masse mal Lichtgeschwindigkeit.

Dok: Stimmt. Da geht's um Raum und Zeit, wie beim Fahren, beim Fliegen, und bei unsrer Erde, die vier Lichtjahre vom nächsten Stern entfernt ist.

Greta: Mein Gedicht ist eigentlich ein Lied, zu einer Calypso-Melodie aus Jamaica. Aber da wir keine Musiker haben, möchte ich mein Einstein-Gedicht gerne vorlesen.

Mephi: Wie bitte, vorlesen? Einen jamaicanischen Calypso vorlesen? Tá loca, muchacha? Calypso ist Latino-Rhythmus, tá entiendendo? Das muss gesungen und gespielt werden, claro?

Dok: Und wer soll das singen?

Mephi: [schon auf dem Weg hinter die Bühne, etwas holen ...] Na du natürlich, mi cara senhorita. Du kannst das!

Greta: Ich kann mich schön blamieren.

Mephi: Ein Mädchen mit Manieren
malt nicht den Teufel an die Wand,
Anstatt dich zu mokieren,
nutz Stimme und Verstand!
[Er kommt mit einer Gitarre ...]

Dok: Und wer soll die Gitarre ...

Mephi: [zeigt gebieterisch auf Harry im Publikum] Du!

Harry: I? Ja tut mir leid, i han mei Läba lang no nie ...

Mephi: Noch nie Gitarre g'schpielt, ich weiß, aber ab heute kannst du es, und zwar aus drei Gründen: Erstens bist du ein schwäbischer Alleskönner, zweitens bin ich Mephisto, und drittens ist das ein Befehl! Heeeraufkommen!

Harry: I komm ja scho ...

Mephi: Glückwunsch, ab heute bist du Virtuose! Und zwar auf diesem Erbstück aus dem 16.Jahrhundert. Guitarra española, von einem verbrannten Ketzer, hab ihn selber brennen sehen. Gut aufpassen, capito?

EINSTEIN FAREWELL nach dem Jamaica Farewell (Calypso im Mento-Stil) anonymer Komponisten, visuell begleitet durch gebeamte Bilder von Einstein, oder gar einen kurzen Ausschnitt aus dem youtube-Video „Albert Einstein Driving a Flying Car" mit seiner Frau Elsa anno 1931.

Der Physiker Albert Einstein
Ist Thema dieses kleinen Gedichts.
Er forschte über Raum und Zeit
relativ zur Geschwindigkeit des Lichts. Und als ...

Physiker meinte der Einstein:
„Rein technisch sind Autos recht dumm,
denn sie verbrauchen ganz schön viel Energie
und fahren ziemlich sinnlos in der Welt herum."

Darum sagte er zum Autofahren
sein Leben lang eher Nein.
Er setzte mehr darauf, Energie zu sparen
und er mochte weder Führer noch Führerschein.

Um durch das Weltall zu fahren

hilft relativ gut seine Theorie.
Er maß Distanzen in Lichtjahren,
und mit emcequadrat die Energie. Einstein ...

war beim Schwimmen so gut wie ein Stein,
doch das Tau machte er gerne los vom *quay*,
und segelte mit seiner kleinen Jolle
hinaus auf die endlos weite See.

Er meinte: „Es ist zwar wohl alles endlich,
nur: zwei Infinite gibt es doch.
Die Dummheit der Menschen und das Weltall,
ich gebe zu: beim Weltall zweifle ich noch.“

Dass Leben so ist wie mit dem Rad fahren,
hat der Radfahrer Einstein so belegt:
Sein Gleichgewicht kann er nur halten,
solange der Mensch sich fortbewegt. Und als ...

Pazifist sagte der Einstein:
„Marschierst du gerne in Reih und Glied
wozu hast du denn dein Hirn dann bekommen?
Das Rückenmark hätte doch schon genügt.“

„Wenn ich nicht ein Physiker wäre,“
sagte er, „wär ich wohl ein Musiker.
Ich denke oft in Melodien
Musik ist mein Lebenselixier.“

Er lebe jetzt ganz vegetarisch,
sagte Einstein, und es käme ihm so vor,
als sei der Mensch eben doch zum Raubtier
wahrscheinlich überhaupt nicht gebor‘n. Und nichts ...

werde die Chancen menschlichen Lebens
zum Überleben auf dieser Welt
mehr anheben als wenn sich die Menschheit
auf vegetarisch bald umstellt.

Man fragte ihn auch, was denn der Ursprung
seiner Relativitätstheorie sei.

Darauf Einstein: „Nach meiner Erinn'rung
fiel sie mir mal beim Radfahren ein."

Mephi: Und wer ist jetzt der beste schwäbische Gitarrist?

Harry: Ja komisch, gell? Han's gar net gwisst.

Greta: Danke, war super. Einstein sagte, der beste Weg, dich
selber aufzuheitern, ist, jemand andern aufzuheitern.

Dok: Und weiter geht's mit unser'm Scheitern. Seht euch
mal die Graphik an: Das Öl lief immer schneller. Schaut auf die
Kurve: Von 1800 bis zum Zweiten Weltkrieg ging's noch recht
langsam aufwärts ... richtig los ging es erst nach dem zweiten
Weltkrieg, vor 75 Jahren, als die ersten VW-Käfer ausgeliefert
wurden und die Deutschen damit nach Italien fuhren. Seitdem
stieg die Menge von Kohlendioxid, die wir pro Jahr in die Luft
blasen, von einer Milliarde auf zehn Milliarden Tonnen. Das
macht pro Mensch heute 1,4 Tonnen.

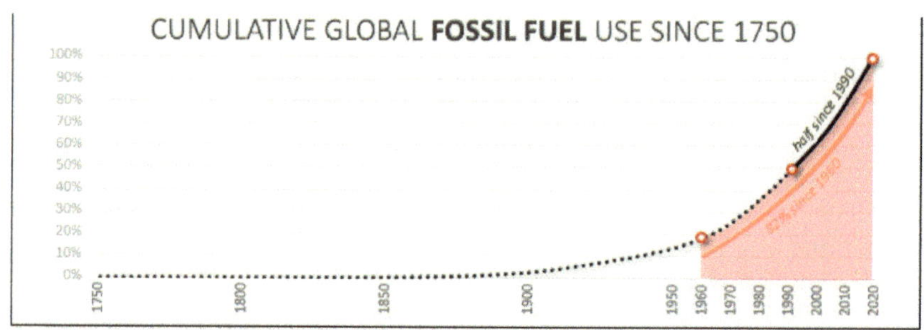

Fossile Treibstoffe seit 1750: NationalObserver.com, 31.07.2019.

Greta: Aber es kommt ganz darauf an, wo man lebt. In Afri-
ka erzeugt jeder Mensch im Durchschnitt nur eine halbe Tonne
Kohlendioxid pro Jahr, in Brasilien zwei Tonnen, in Deutschland neun, in den USA 15 und in den arabischen Emiraten bis zu
30 Tonnen pro Kopf und Jahr. [Beamer: Tonnen CO_2 pro Kopf,
nach Ländern]

Dok: Mit Öl läuft das Erdöl wie geschmiert: Diesel für Pumpen, für Pipeline-Baumaschinen, für Tanker und Tanklaster,
Kerosin für Tankflugzeuge – alle mit Verbrennungsmotoren.

Greta: Aber das Problem ist doch lösbar. Die Sonne strahlt täglich 100mal mehr Energie auf die Erde, als wir verbrauchen, und dankenswerter Weise noch fünf Milliarden Jahre. Solarstrom wird täglich billiger und mehr. Elektromotoren haben einen Wirkungsgrad von über 90 Prozent, im Gegensatz zu Kolbenmotoren mit höchstens 40, und Flugzeugturbinen mit nicht mal 30 Prozent. Das heißt, da werden 70 Prozent sinnlos verbrannt.

Dok: Das Problem bei E-Motoren sind nur die Batterien. Dafür braucht man Lithium, und das holt man aus ...

Greta: Bergwerken, ich weiß. Und da wird wahnsinnig viel Wasser verbraucht.

Dok: Angeblich ist die Lithiumbatterie für ein Elektroauto so klimaschädlich wie 60.000 Kilometer mit einem Benzinauto.

Greta: Aber dieses Lithium wird nicht verbraucht und nicht verbrannt und nicht verbrutzelt, sondern es lässt sich endlos in neuen Batterien recykeln, zu beinah hundert Prozent.

4.Szene: Fliegen

Dok: Das ist ein Argument. Also okay, nehmen wir an, das Motorenproblem ist lösbar. Schwierig wird's nur bei Flugzeugen: Wie willst du 100 Tonnen Sprit pro Transatlantikflug ersetzen durch Batterien? Die sind bleischwer. Gut, man könnte die Turbinen auf sauberes Wasserstoffgas umrüsten. Da braucht man aber größere Tanks als für das Kerosin, das Flugzeuge heute tanken. Pflanzenöl geht auch ...

Greta: Na klar, für Palmöl roden wir den Regenwald.

Dok: Okay, dann lieber Sojaöl, veganes Sojaöl ...

Greta: Berlin – New York – Berlin pro Person 500 Liter, die Jahresernte von einem Hektar Soja in Brasilien.

Dok: Jetzt hab ich's: Griechisches Olivenöl kalt gepresst, das nehm ich immer für meine (er mimt das Wenden) Pfannkuchen!

Greta: Und warum nicht elektrisch fliegen? Bei Drohnen geht das mit E-Motoren ja ganz prima.

Dok: Greta, du wirst mir immer sympathischer. Dein kindlicher Optimismus ist wirklich bezaubernd.

Greta: Und dein altkluger Sarkasmus geht mir langsam auf den Senkel. Der zieht mich echt runter, wie deutsches Novemberwetter, weißt du? Im November möcht ich immer wegfliegen, wie die Zugvögel, dahin wo's wärmer ist und wo die Sonne scheint.

Dok: Kann ich gut verstehen, geht mir auch so. Und dann denk ich mir immer, wenn diese kleinen Zugvögel Tausende von Kilometern nonstop schaffen, warum kann dann der Mensch nicht umweltfreundlich fliegen? Zum Beispiel wie der Rubinkehlkolibri. [Beamer-Bild] Der wiegt nur sechs Gramm, und fliegt 2200 Kilometer über den Golf von Mexiko. Da is nur Wasser, nix mit Zwischenlandung. Und die Odinshühnchen fliegen sogar von Schottland aus über den Atlantik, dann über den Golf von Mexiko, und dann weiter bis in den Pazifik.

Greta: Golf von Mexiko. Jamaika, Kuba. Da möcht'ich hin.

Dok: Ich auch, schon wegen der Musik in der Karibik, Reggae und Mambo, Salsa und Calypso.

Greta: Kennst du Day-O?

Dok: Den Banana-Boat-Song? Und wie ich den kenn'! Ich hab sogar 'nen neuen Text dafür geschrieben. Den würd' ich dir gerne vorlesen.

Mephi: Darf ich dir vorlesen, mein Schatz? Na ihr zwei beide passt zusammen! Vorlesen? Total absurdo, Day-O muss gesungen werden, Banana Boat hat ritmo caribeño, ritmo criolo, tá entiendendo?

Harry: [zupft die Gitarre] Aber da derzu bräuchtet mir doch ...

Mephi: [schnippt mit den Fingern] Ich bring euch Batucada und noch eine Guitarra, Kinder.

Greta: Und wer soll die spielen?

Mephi: Na, die zwei Musiker, die ich euch jetzt besorgen werde. Einen Gitarristen haben wir ja schon.
[Er hypnotisiert zwei Opfer im Publikum] Du! – Und du da! Heeeraufkommen!
Hierher zu mir
in schnellem Lauf,
und spielt uns hier
Calypso auf!

Rosa: Hier sind wir, Meister!

Ira: Stehen zu Diensten!

Harry: Als Trio nun, in allen Künschten!

Mephi: [zu Greta] Die tun jetzt alles, was *du* sagst, und können alles, was *ich* will ...

Greta: Könnt ihr den Calypso Day-O von Harry Belafonte?

Rosa: Apokalyp ...?

Ira: Deo-...?

Harry: Theologie, vom Padre La Ponte? I bin frei net katholisch.

Mephi: [bringt Gitarre und Handschlagzeug] Zwei Erbstücke aus Spanien, sechzehntes Jahrhundert. Von zwei andren Ketzern, hab sie selber brennen seh'n. Mit denen spielt ihr jetzt den Calypso Day-O von Belafonte alias Belinfante, dem Enkel der verbrannten Ketzer. Aber con salsa y pimienta, mis señores!

Rosa: Somos sus servidores, o grande mestre!

Harry: Wenn unser Meischter es befiehlt ...

Mephi: [gibt ihnen ein herrisches Zeichen] Es gibt nichts, das ihr nicht könnt. Spielt sofort das Faligerlied, ihr Kanechte, sonst werrrde ich euch höllisch bestarafen!

Harry: Jungs, schpielet um eier Seelenheil!

Ira: Na, schau'n wer mal ...

Rosa: Dann seh'n wer's schon.

Begleitet von den dreien singt Dok die Solopartien in seinem Calypso, während die deutschen Versionen des Refrains *„Daylight come and me want go home"* von Greta, Mephi und den drei Archangelae intoniert werden.

E-O   Calypso-Tradition (Trinidad) /Harry Belafonte

Klimatext	Originaltext
Day-o, day-o	Kingston, please check in now!
Daylight come and we wan' go home.	*Greta komm, der Flieger wartet schon.*
Day, me say day, me say day, me	Get, on board now, on board now, on
say day, me say day, me say day-o	board now, on board now, on board no-w.
Daylight come and me want go home.	*Greta komm, der Flieger startet schon.*
Work all night on a drink of rum	Früher flog man mit Fossilien,
Daylight come and me wan' go home	*Greta komm, man fliegt jetzt mit Strom,*
Stack banana till de morning come	New York, Kingston und Brasilien,
Daylight come and me wan' go home	*Greta komm, man fliegt jetzt mit Strom.*
Come, Mister tally man, tally me banana	Früher in der fossilen Phase,
Daylight come and me wan' go home	*Greta komm, man fliegt jetzt mit Strom,*
Come, Mister tallyman, tally me banana	zwei Tonnen Gase, und zwar pro Nase.
Daylight come and me wan' go home	*Greta komm, man fliegt jetzt mit Strom.*
Lift six foot, seven foot, eight foot bunch	Zwei Tonnen hauten wir hinten raus,
Daylight come and me wan' go home	*Greta komm, man fliegt jetzt mit Strom,*
Six foot, seven foot, eight foot bunch	flogen quasi in Saus und Braus!
Daylight come and me wan' go home	*Greta komm, man fliegt jetzt mit Strom*
Day, me say day-o	E, we fly E-lectro!
Daylight come and me wan' go home	*Kingston, Jamaica, jetzt mit Strom*
Day, me say day, me say day, me say	E, we fly E, we fly E, we fly E, we fly
day, me say day, me say day-o	E, we fly E-e-electro!

Daylight come and me wan' go home Kingston, Jamaica geht jetzt mit Strom.

A beautiful bunch o' ripe banana Sidney, Havanna, Rom und Dubai,
Daylight come and me wan' go home *Greta komm, man fliegt jetzt mit Strom.*
Hide the deadly black tarantula alles jetzt ohne Ceozwei!
Daylight come and me wan' go home *Greta komm, man fliegt jetzt mit Strom.*
Lift six foot, seven foot, eight foot bunch Abgasfrei mit gutem Gewissen,
Daylight come and me wan' go home *Flughöhe dreißigtausend Fuß,*
Six foot, seven foot, eight foot bunch Greta, bitte gib mir ein Küsschen!
Daylight come and me wan' go home *Greta komm, gib ihm einen Kuss.*

Day, me say day-o Reggae, now Reggaelectro!
Daylight come and me wan' go home *Rastafari heute ganz mit Strom,*
Day, me say day, me say day, me say day... Rasta, and Reggae and Rasta and Reggae
me say day, me say day-o and Rasta and Reggaelectro,
Daylight come and me wan' go home *Rastafari heute ganz mit Strom.*

Come, Mister tally man, tally me banana Mit Solarstrom, billig wie Bananen:
Daylight come and me wan' go home *Die Erde wird kein Treibhaus sein.*
Come, Mister tally man, tally me banana Wer konnte das vor Jahren schon ahnen?
Daylight come and me wan' go home *Und nach drei Wochen geht's wieder heim.*

Day-o, day-o E-o, E-e-lec-tro!
Daylight come and me wan' go home *Nach Jamaica mit Solarstrom!*
Day, me say day, me say day, me say E, me say E, me say E, me say day, me say
day, me say day, me say day-o day, me say Day-lec-tro.
Daylight come and me wan' go home *Der Tag bricht an und wir landen schon.*

5.Szene: Essen

Greta: Schön. Echt schön. Und viel zu schön, um wahr zu sein: Der Lufttransport sauber und rein, wie der Kolibri, der mit Blütennektar von Kanada nach Costa Rica fliegt.

Dok: Small is beautiful.

Greta: But big is powerful. Wichtig sind die starken Männer mit ihren Milliarden, ihren großen Jachten und Boliden, und mit dem tiefen Männerbass aus den Auspuffrohren ihrer Harley-Davidsons ...

Dok: Harley gibt's jetzt auch schon elektrisch. Echt stark, echt heavy, 250 Kilo unterm Arsch und 77 Kilowatt. Echt satt. In den alten Zeiten waren das 105 Pferdestärken.

Greta: 105 Pferde für 1 Arsch. Was für ein Fortschritt! Ja doch, im Ernst! Früher musste ein Pferd zehn Jahre lang für uns schuften, zehn Jahre im Winter Schlitten, im Sommer Kutschen, Wagen, Pflüge ziehen, dann ab in' Schlachthof. Pferdefleisch. Heut' sind unsere Lieblingstiere Schweine und Rinder, Schafe und Puten, Gänse und Hähnchen. Die meisten haben nie im Leben die Sonne gesehen oder eine grüne Wiese, wenn sie im Schlachthof ankommen. Selber schuld, wenn sie sich nicht wehren können. Selber schuld, wenn man als Tier auf diese Welt kommt.

Dok: Ach so, du gehst schon zum nächsten Thema ...

Greta: Zum wichtigsten Thema, zum wichtigsten Grund der Klimakrise.

Dok: Jetzt übertreibst du aber.

Greta: Kein bisschen übertreib ich da. Mit jedem Bisschen Fleisch essen wir uns näher an den Klimatod.
Bis jetzt haben wir über zwei Verkehrsmittel gesprochen: Auto und Flugzeug erzeugen schon ziemlich viel Klimagase. Aber die Viehwirtschaft zur Produktion von Fleisch und Milch setzt etwa anderthalb mal so viel Treibhausgase frei wie der gesamte Transportsektor mit allen fossil angetriebenen Landfahrzeugen, Flugzeugen und Schiffen zusammen. Anderthalb mal so viel, ich zeig dir das mal mit dem Beamer: Das sind die Klimagase, die durch alle mit Benzin, Diesel und Kohle betriebenen Fahrzeuge entstehen – und das hier erzeugen wir durch unseren Appetit auf das Fleisch von Tieren und die Milch von Kühen.

Dok: Aber der Mensch braucht doch Milch, oder?

Greta: Genau. Die seiner Mutter. Milch von Kühen brauchst du so dringend wie die von Giraffen und Nashörnern.

Dok: Kaninchenmilch soll auch ganz gut sein ...

Greta: Kuhmilch ist das optimale Nahrungsmittel – für Kälber. Wie die Muttermilch für Menschenbabies, klar, von Natur
aus. Bis heute können die meisten Menschen auf dieser Welt
Milch nur bis zum dritten Lebensjahr verdauen. Nur die Kör-
per der Mittel- und Nordeuropäer haben seit zehntausend Jahren mehrheitlich gelernt, die Milch der „dummen Kühe" auch
im Erwachsenenalter zu verdauen. Drei Viertel der Menschheit
können das bis heute nicht. Bis heute kriegen 78 Prozent der
Araber und Juden, 85 Prozent der Japaner, 90 Prozent der Indios und Afrikaner und 93 Prozent der Chinesen von Kuhmilch
Bauchweh und böse Blähungen.

Dok: [macht ein passendes Geräusch]
Ist Pupsen schlecht für's Klima?

Greta: Du bist kein Veganer, oder?

Dok: Noch nicht.

Greta: Nimmst du täglich eine Dusche?

Dok: Warum fragst du? Riech ich nicht gut?

Greta: Hier geht's nicht um Riechen, sondern um Sparen.
Wenn du nur einmal im Jahr auf ein Pfund Steak verzichtest,
sparst du damit genug Wasser, um das ganze Jahr lang jeden Tag
zu duschen.

Dok: Ist so viel Duschen überhaupt gesund?

Greta: Und dabei enthält ein Steak von 500 Kalorien nur halb
so viele Proteine wie ein Teller Broccoli mit 500 Kalorien.

Dok: Aber als Mann brauch ich doch kein Broccoli, sondern
Fleischproteine zum Muskelaufbau ...

Greta: Maskulin braucht Muskulin. Ich zeig dir mal vier Beispiele für muskulöse Männlichkeit, vier absolute Veganer ...

[Auf dem Bildschirm erscheinen nacheinander ein Nashorn, ein
Elefant, ein Gorilla und ein veganer Bodybuilder]

Dok: Aber die Gehirnzellen, verstehst du? Fleisch braucht man doch zum Gehirnaufbau.

Greta: Jetzt vier reine Fleischesser mit entsprechend hoher Intelligenz.

[Auf dem Bildschirm: Krokodil, Geier, Tyrannosaurus, Hai beißt in Bootsplanke]

Greta: Und zu guter Letzt vier Vegetarier mit entsprechend niedriger Intelligenz ...

[Auf dem Bildschirm: Leonardo da Vinci, J.W. Goethe, Alexander v. Humboldt, Albert Einstein]

Dok: Der erste war Leonardo da Vinci, der dritte Alexander von Humboldt, stimmt's?

Greta: Genau. Der Freund Goethes, Vorbild für dessen Doktor Faust, der Umweltschützer, Globetrotter und Erforscher des Amazonas-Regenwalds. Er sagte übrigens sehr treffend: „Wo ein Jäger lebt, können zehn Hirten leben, hundert Ackerbauern und tausend Gärtner." Aber ich zeig dir mal, wieviel Landfläche du als normaler Allesesser für deine Ernährung brauchst ...
[Auf dem Bildschirm erscheint eine hellgrüne Fläche von vier mal zwei Längeneinheiten]

Dok: Hey, das ist meine Farm, meine Ranch, meine Hacienda, nur für mich.

Greta: Und so viel braucht die Veganerin Greta für ihre viel gesündere Ernährung ...

[In der Ecke von Doks Farm erscheint eine dunkelgrüne Fläche von ein mal einer Einheit. Der Faktor 7 (3.321 versus 455 m² für Selbstversorgung, laut der österreichischen NGO Global 2000), ist sehr konservativ. Eine neue Studie der Unis Oxford und Minnesota (Clark/Springmann/Hill/Tillman, 12.Nov.2019; The Economist, 15.11.2019) kommt auf den Faktor 100]

Dok: Gibt's da auch Erdbeeren? Dann komm ich mal rüber.

Greta: Isst du auch Eier?

Dok: Ab und zu. Warum?

Greta: Mein Grundstück hat eine Fläche von 455 Quadratmetern: 22 Meter lang und 21 breit. Und das hier (sie breitet ein Taschentuch aus) ist die Fläche, die einer Legehenne laut Tierschutzgesetz zusteht: 0,08 Quadratmeter. In der Natur lebt eine Henne 15 Jahre, aber auf dieser Käfigfläche nur zwei Jahre und legt 700 Eier. Dann ist sie fix und fertig, wird an den Beinen in ein Förderband gehängt und ein rotierendes Messer säbelt ihr den Kopf ab, damit sie als Suppenhuhn noch ein paar Cent einbringt.

Dok: Kommen Hühner in den Himmel?

Greta: Und das hier, darf ich mal? [Sie nimmt Mephi sein schwarzes Cape ab ...]

Mephi: Hey, hey, das brauch ich noch, 's ist bitter kalt hier ...

Greta: Das hier, genau 1,8 Quadratmeter, ist die Fläche, auf der ein Mastkalb sein Leben verbringt. Gleich nach der Geburt wird es der Mutter weggenommen und kommt in seine Box, wo es sechs Monate gemästet wird, und zwar mit eisenarmer Nahrung, damit das Fleisch schön weiß bleibt. Weil ihnen Eisen fehlt, schlecken Kälber permanent die eisernen Käfigstangen ab. Salz bekommen sie im Überfluss, damit sie vor Durst ganz gierig ihren flüssigen Nahrungsbrei trinken, der zum Beispiel aus Mais und Soja besteht, für die Brasiliens Regenwald gerodet wird. [Sie schnippt] Ey, ihr drei Mephisto-Musiker!

Harry+Rosa+Ira: Stets zu Diensten, mit uns'ren Künsten ...

Greta: Jetzt ein Samba aus Brasilien. FILOSOFIA, von Noel Rosa und Chico Buarque!

[Greta singt mit Kalb als Maske und/oder als Projektion, kann aber auch, mit Zustimmung von Mephisto, Rosa einladen diesen Song zu übernehmen]

34

FILOSOFIA von Noel Rosa   **Filosovieh**

O mundo me condena,   Die Welt spricht schlecht von mir
e ninguém tem pena   Und kein Mensch hat Mitleid
Falando sempre mal do meu nome   denn ich bin ja nur ein Tier
Deixando de saber   Ich krieg hier mein Essen
se eu vou morrer de sede   und werd' einmal gefressen.
Ou se vou morrer de fome   als Kalbshaxe mit Sauerkraut und Bier.

Mas a filosofia   Die Milch von meiner Mutter
hoje me auxilia   liebt ihr und macht draus Butter,
A viver indiferente assim   für eure Kinder Sahne und Quark.
Nesta prontidão sem fim   Mich hat man, wollt ihr das wissen,
Vou fingindo que sou rico   von der Mama weggerissen,
Pra ninguém zombar de mim   ganz ganz schnell, ich fand's beschissen.

Não me incomodo que você me diga   Ich will jetzt hören, was hab' ich verbrochen?
Que a sociedade é minha inimiga   Will's hör'n von euch, die stets auf Rechte pochen
Pois cantando neste mundo   und sich doch selbst so viel anmaßen,
Vivo escravo do meu samba,   Klima heizen mit den Gasen
muito embora vagabundo   aus der Fleischproduktion.
Quanto a você da aristocracia   Grade von euch will ich das jetzt hören,
Que tem dinheiro, mas não   Von euch Herrn Menschen, die die
compra alegria   Welt zerstören.
Há de viver eternamente   Ich bin nur ein kleines Rindvieh,
sendo escravo dessa gente   doch hab ich Einblick in die
Que cultiva hipocrisia   Naturalphilosovieh.

O mundo me condena,   Denn wörtlich heißt Na-tu-ra
e ninguém tem pena   wir alle wer'n geboren,
Falando sempre mal do meu nome   doch keiner weiß vorher, als was.
Deixando de saber   Die Spezies ist Glücksspiel,
se eu vou morrer de sede   auf meinem Los stand Rindvieh
Ou se vou morrer de fome   Oh Jemine, wer wünscht sich denn sowas?
Mas a filosofia   Um mir zum Überleben
hoje me auxilia   moralisch Kraft zu geben
A viver indiferente assim   üb' ich mich in Philosovieh.
Nesta prontidão sem fim   Ich denk' viel nach und schließe:
Vou fingindo que sou rico   Im nächsten Leben schon wird diese
Pra ninguém zombar de mim   Haxe ein Stück Mensch
                                     --- und zwar eine hübsche Sie.

Greta: Wir großen humanen Philosophen sind so doof, zu glauben, wir bräuchten die Milch blöder Kühe, die Eier dummer Hühner und das Fleisch schweinischer Säue, um intelligentere, noblere und schönere Menschen zu werden. Übrigens kann ich dir zu jedem Buchstaben des Alphabets mindestens eine Krankheit nennen, die mit Fleisch- und Milchkonsum zusammenhängt.[6] Gleichzeitig besteht die Gefahr, dass wir unsere Infektionskrankheiten bald nicht mehr mit Antibiotika bekämpfen können, weil 80 Prozent der Antibiotika in der Massentierhaltung eingesetzt werden und durch zunehmende Resistenz der Krankheitskeime unwirksam werden.

Dok: Sag mal Greta, willst du mich in die Depri treiben? Ich krieg langsam die Krise mit der Klimakrise. In 10-15 Jahren schon wird alles Fleisch künstlich hergestellt. Das wächst dann im Labor, ohne Hormone, erzeugt zwei Drittel weniger Klimagase und kein Tier muss mehr Angst vor'm Schlachthof haben. Momentan, liebe Greta, machst du mir Angst mit deinem Pessimischmasch. Und denk doch mal ans Publikum, an die Kinder. Wer hat Angst vor'm Klima-Big-Bang?

Greta: Niemand! Wenn er aber kommt, dann deshalb, weil viele große Kinder in Politik und Wirtschaft zu wenig Angst haben und lieber mit ihren Lieblingsspielen weitermachen, als sich mit der harten Realität zu befassen. Trotzdem: du hast ja vollkommen recht. Nicht Angst machen, sondern Mut machen, die Gefahr zu sehen und sie anzugehen: das ist wichtig.

Dok: Und dazu hätt' ich 'ne Idee.

Greta: Okay. Lass hören die Ideen
aus Doktors Geisteshöhen ...

---

6   Alzheimer, Botulismus, Colorectal-Carzinom, Diabetes, Ebola-Fieber, Fettsucht, Gicht, Herzkrankheiten (100 % höheres Risiko), Immundefizienzen, Krebs (60 % höheres Risiko), Lymphom, Multiple Sklerose, Nierenleiden, Osteoporose, Parkinson, Q-Fieber, Rheuma, Salmonellose, Trichinose, Urologische Leiden, Vibrio-Infekte, Morbus Wilson, Yersiniosis, Zoonosen.

6.Szene: Gretchenfrage

Dok: Schon mal was von der Gretchenfrage gehört?

Greta: Klar, aber ich bin kein Gretchen und kein Mädchen sondern nur die krasse Greta. Sowohl heute wie auch späta.

Dok: *Mein schönes Fräulein, darf ich wagen,*
meinen Arm und Geleit Ihr anzutragen?

Greta: Huuh, was is jetzt los?

Dok: Der Doktor Faust von Goethe verliebt sich in ein junges Mädchen (er tritt zu Greta, verneigt sich zum Handkuss ...) aber die lässt ihn erst mal abblitzen.

Greta: *Bin weder Fräulein, weder schön,*
kann ungeleitet nach Hause gehn.

Dok: Hey, stark! Dann weißt du ja, wie's weitergeht.

Greta: Klar. Der Faust bittet den Mephisto, seine schwarzmagischen Mittel einzusetzen, sie verliebt sich prompt in den Doktor und weil sie fromme Christin ist, fragt sie ihn nach zwei Wochen schon: *Nun sag, wie hast du's mit der Religion?*

Dok: Genau. Und weil Religion für sehr viele Menschen sehr wichtig ist und ihnen Lebenssinn und Hoffnung gibt, sollten wir hier vielleicht die Religionen fragen:
Nun sagt, wie habt ihr's mit dem Klima?

Greta: Super. Religion dient vielen Menschen zur ethischen Orientierung. Aber wen sollen wir da fragen, hier im Theater?

Rapha: Na wen schon?

Gabri: Uns natürlich!

Micha: Sind wir nicht bestens präpariert [sie schüttelt ihre Engelsflügel] für diesen Job, quasi prädestiniert?

Mephi: Und ob, das seid ihr! In weiser Vorahnung hab' ich euch gleich die richtig züchtige Kopfbedeckung mitgebracht. Ein chassidisches Kopftuch, einen katholischen Nonnenschleier, einen muslimischen Shador ... [er verteilt sie an Rapha, Gabri, Micha, die beobachtend am Himmelsrand gesessen haben und jetzt heruntersteigen]

Rapha: Darf ich, als älteste und erste von uns drei abrahamitischen Religionen, die Position des Judentums darlegen?

Gabri: [säuerlich] Aber kurz bitte.

Micha: [schnippisch] Wir sind nämlich die Jüngeren – und die Moderneren.

Rapha: Wirklich? Aber gut, dann halt ich's hier mit dem, was der Jude Jesus über die Ersten sagte, die zuletzt drankommen, Matthäus 19:30. Ich schlage vor, die Stärksten zuerst, das heißt die christlichen Kirchen, mit zweieinhalb Milliarden Gläubigen. Darf ich dich bitten, Gabriela?

Gabri: Danke, Rapha. Es ist wahr, wir sind die stärkste Gruppe. Aber es ist so, wie schon mein Name Gabriela sagt: Gavuri-el, meine Kraft ist Gott. Von ihm kommt uns're Stärke.

Mephi: Mehr Atomkraft und mehr militärische Schlagkraft – ist es nicht das, was christliche Politiker zur Klimakrise vorschlagen?

Gabri: Papst Franziskus hat in seiner Umwelt-Enzyklika *Laudato si* ganz anderes vorgeschlagen: Der Bibelvers „Seid fruchtbar und mehret euch und macht euch die Erde untertan" müsse interpretiert werden als Gottes Einladung, den Garten der Welt zu bebauen und zu hüten. Der Mensch ist nicht der Herr der Welt, sondern ein Teil des Ganzen. Ein Teil der „Schwester Erde", wie Franz von Assisi geschrieben hat. Papst Franziskus nennt das Klima „ein gemeinschaftliches Gut von allen und für alle", besonders deshalb, weil die Folgen des Klimawandels vor allem die Armen der Welt treffen. Heftig kritisiert der Papst den Kapitalismus ...

38

Mephi: ... mit dem die Kirche immer bestens auskam ...

Gabri: ... und er betont die ‚ökologische Schuld' des reichen, Umwelt verschmutzenden Nordens gegenüber dem Süden, wobei er den heutigen Emissionshandel mit dem Ablasshandel des 16.Jahrhunderts vergleicht. [Beamer: CO_2 pro Kopf, nach Ländern]

Mephi: Ei, der Ablassprediger Tetzel, wie sagte der noch? „Wenn das Geld im Kasten klingt, der Norden sich in Unschuld schwingt ... [er schwingt mit der Hüfte]. Oder so.

Gabri: Das Bevölkerungswachstum im Süden sei nicht schuld, sagt der Papst ... [Beamer: Kinder pro Frau, nach Ländern]

Mephi: Seid furchtbar und mehret euch täglich ...

Gabri: ... sondern das Konsumverhalten im Norden. Wörtlich sagt er: „Die Schuld dem Bevölkerungszuwachs und nicht dem extremen [...] Konsumverhalten einiger anzulasten, ist eine Art, sich den Problemen nicht zu stellen. Es ist der Versuch, das gegenwärtige Modell der Verteilung zu rechtfertigen, in dem eine Minderheit sich für berechtigt hält, in einem Verhältnis zu konsumieren, das unmöglich verallgemeinert werden könnte, denn der Planet wäre nicht einmal imstande, die Abfälle eines solchen Konsums zu fassen." Weiter sagt Papst Franziskus, tragisch sei „die Zunahme der Migranten, die vor dem Elend flüchten, das durch die Umweltzerstörung immer schlimmer wird." Doch „leider herrscht eine allgemeine Gleichgültigkeit gegenüber diesen Tragödien ... Wenn wir berücksichtigen, dass der Mensch auch ein Geschöpf dieser Welt ist, das ein Recht auf Leben und Glück hat und das außerdem eine ganz besondere Würde besitzt, müssen wir die Folgen der Umweltzerstörung ... und der Wegwerfkultur auf das menschliche Leben ins Auge fassen."

Mephi: Na wunderbar. [Er schnappt sich eine Gitarre, reißt vier dissonante Akkorde] Ich bin gerührt von diesen Worten des Oberhauptes der Religion, mit deren Beistand die Indios fast ausgerottet [1], die Hexen und die ketzerischen Gitarristen verbrannt [2] und die Afrikaner versklavt wurden [3], unter fleißiger Mithilfe muslimischer und jüdischer Sklavenhändler [4]. Drum möcht ich jetzt von der Muslimin etwas hören, zum Thema Koran und Klima. Und euch Muslime betrifft das Thema ja besonders: Die Ölscheichs pumpen Geld wie Öl, die Emirate blasen den Weltrekord an Klimagasen in die Luft, und der Nahe Osten hat gute Chancen, als erste Weltregion unbewohnbar zu werden. Da stellen wir dann vor Mekka und Medina je ein Schild auf „Wegen Hitze geschlossen ... Insh Allah, durch Gottes Willen."

Micha: Die Frage ist, wie das verhindern, und mit wessen Hilfe? Mein Name Mi-cha-el ist selber eine Frage, nämlich „Wer ist wie El, wie Allah, wer ist wie Gott?"

Mephi: *Von Zeit zu Zeit seh' ich den Alten gern,*
und hüte mich, mit ihm zu brechen.

Micha: Das Wort Islam, von aslama, sich hingeben, bedeutet das Gegenteil von mit Gott brechen. Mit 1,8 Milliarden Gläubigen ist der Islam heute die zweitgrößte, und die am schnellsten wachsende Weltreligion. Und tatsächlich ist die muslimische Gemeinschaft besonders betroffen von der Erderhitzung. Im größten muslimischen Land, und dem nach Einwohnerzahl viertgrößten dieser Welt, nämlich Indonesien, machen der Klimawandel und die von ihm verursachten Überschwemmungen schon jetzt die Armen zu extrem Armen. Klimaforscher erwarten, dass der Nahe Osten und Nordafrika heißer und trockener werden, mit sich verschlimmernden Dürren und Wassermangel für Millionen Menschen, Verstärkung von Migrationsbewegungen und der Gefahr gewalttätiger Konflikte. Und die Opfer werden hauptsächlich jene Menschen sein, die selber am wenigsten Treibhausgase verursacht haben und am wenigsten am Klimawandel schuld sind. Letzten August [2018] haben muslimische Gelehrte, Experten und Aktivisten aus mehr als zwanzig Ländern die Muslime der ganzen Welt zum Handeln aufgerufen, das heißt vor allem, wegzukommen von fossilen Energiequellen, hin zu Gesellschaften, die hundert Prozent der Energie aus erneuerbaren Quellen gewinnen, das heißt vor allem aus Sonnen- und Windenergie – über die viele islamische Länder im Überfluss verfügen – und zwar so schnell wie möglich.

Mephi: Insh Allah. Wenn Gott will. Und auch nur *so schnell* wie er will?

40

Rapha: Darf ich schnell? Sie nimmt die Gitarre, die Mephi in Händen hat ...]

Micha: So schnell wie nötig, Herr Mephisto! Wir wissen aus dem Koran, dass Allah jeden von uns zu einem Hüter der Erde machte; dieser Erde, die ein ‚wertvolles Heim' ist, mit endlichen Ressourcen; jeder von uns ist Hüter, ist ein *Khalifah* mit dem Auftrag, das *Mizan* zu bewahren, das sehr verletzliche Gleichgewicht. Denn sonst werden die fossilen Ressourcen, die uns einst Wohlstand brachten, dieses Gleichgewicht zusammen mit dem Wohlstand vernichten.[7]

[Rapha spielt leise die Akkorde von Gebirtigs Lied].

Mephi: Gleichgewicht? [Er mimt mit gestreckten Armen eine Waage] Links die Armen, die Indios, die Kleinbauern, die Frauen, die Menschen – und hier: das Geld! [Waage kippt schwungvoll, Mephi schlägt fast ein Rad, alles Linke fliegt in hohem Bogen in den Müll, während Micha schon zu singen beginnt ...]

KEIN MANGEL AN NOT Nach dem jiddischen Lied „Der Singer fun Nojt" des Tischlers Mordechai Gebirtig, geboren in Krakow 1877 und dort im Ghetto erschossen am 4.Juni 1942.

Micha: Die reichen, verdienstvollen Menschen,
um die geht es nicht in mei'm Lied.
Wer Geld hat, kann sich halbwegs schützen
vor dem, was beim Klima geschieht.

Gabri: Die Meere besteigen die Küsten,
denn überall schmilzt schon das Eis.
Die Reichen zieh'n um, bauen Deiche.
die Opfer war'n arm und nicht weiß.

Rapha: Die Felder der Armen verdorren.
Der Hunger gedeiht überall,
nur nicht in den Staaten der Reichen –

---

7 Islamic Relief USA, http://irusa.org/huffington-postdelivering-promises-paris-worlds-muslims-demanding-climate-action-now/

man löst an der Börse den Fall.

Micha: Die erste Welt, die baut sich Zäune,
lässt keine Migranten ins Boot.
Die letzte Welt hat keine Arche,
und auch keinen Mangel an Not.

Gabri: Taifun, Hurrikan ziehen Bahnen:
Mit Brennstoff verdient man viel Geld.
Die Rechnung bezahlen die Armen –
sie wird mit dem Wind zugestellt.

Mephi: Ja singt nur das traurige Liedel
von Klima und Gerechtigkeit!
Was macht denn der Alte im Himmel?
Der ist doch so gut und gescheit!

Rapha: Darf ich da antworten? Als Vertreterin des *Alten,* wie Señor Mephisto sich auszudrücken beliebt, nämlich des alten Bundes mit der Schöpferkraft? Mein Name Rapha-el heißt übersetzt: Heilen wird Gott.
Aber das kann Gott nur durch uns Menschen. Deswegen gilt für alle Juden das Gebot des *Tikkún olám,* das heißt, die Welt zu reparieren. Unsere Weisen lehren, dass es auf den Menschen ankommt, auf jeden einzelnen Menschen. Unsere Weisen sagen, in jedem Augenblick steht die Welt auf der Kippe: Alles kann scheitern, und alles kann gut werden, und immer ist es genau *dein* Verhalten als kleiner Einzelner, das den Ausschlag gibt. Einstein sagte, wir können der Tatsache nicht ausweichen, dass jede einzelne unserer Handlungen Auswirkung auf das Ganze hat. Und niemals war diese Weisheit wichtiger als heute, wo es jeden Augenblick passieren kann, dass die Kippschalter der Erderhitzung umschlagen. Wir müssen die Zeichen der Zeit zur Kenntnis nehmen, gegen alle Leugner und Schönschwätzer.

Mephi: [applaudierend] Sehr schön geschwätzt!

Rapha: Danke. Aber neben dem Gebot, die Welt zu reparieren, sind noch zwei andere Grundsätze jüdischer Ethik wichtig gegen den Klimawandel: Die Sorge für die Armen – und die

Vermeidung jeder Art von Verschwendung. Und es gilt auch der Grundsatz von Rabbi Tarfon: „Du musst die Aufgabe nicht zu Ende führen, aber du hast kein Recht, sie nicht anzufangen." Diese Maxime beherzigte auch der Mann, dem Gott befahl, die Tiere aller Arten einschließlich der menschlichen Spezies vor der Katastrophe zu retten. Und Noah baute die Arche ...

Mephi: Alóa, der Noah. Und warum muss er diese Arche bauen? Weil der Herr des Himmels alles versäufen will, nicht wahr? *„Und die Schleusen des Himmels öffneten sich".* Heute müsste Noah ein Kühlhaus bauen. Nur würd' das wenig nützen, weil der Herr des Universums weder den Juden noch den Christen und Muslimen klimamäßig bei Zeiten die Leviten gelesen hat.

Rapha: Die können sie ja selber lesen, in der Bibel. Und da steht zum Beispiel, im Buch Leviticus, Kapitel 19, Vers 18, das Gebot: Liebe deinen Nächsten wie dich selbst.

Mephi: Na wunderbar. Aber wie wär's, wenn ihr das heute mal bisschen anders lesen würdet, so à la „Liebe deine nächsten Generationen wie deine eigene"?

Rapha: Wie deine eigene ... Das gefällt mir. Das ist eine verdammt gute, eine geradezu satanisch gute Ergänzung. Übrigens ist der Satan, der Ankläger, im Buch Hiob einer der Söhne Gottes. Ich stimme dem Ankläger also vollinhaltlich zu und zitiere weiter aus dem Buch des Predigers. Der schreibt: „Das Geschick der Menschenkinder und das Geschick der Tiere – sie haben ein und dasselbe Geschick." Besagt das nicht klar und deutlich, dass auch Tiere unsere Nächsten sind? Tatsächlich schließt Gott im Buch Genesis [Kap.9] seinen Bund mit den Menschen *und* mit den Tieren, und schon im nächsten Buch des Moses gibt er auch den Tieren Rechte, zum Beispiel das Recht, am Sabbat nicht zu arbeiten. Und was Ernährung angeht: Jeder siebte Israeli ist Veganer, denn das jüdische Ideal ist ganz klar die vegetarische Ernährung.

Mephi: Na supertoll, das Ideal! Real jedoch essen die Israelis pro Kopf mehr Fleisch als sogar die argentinischen Katholen mit ihren Riesen-Rindfleischspießen, nämlich 99 Kilo pro Kopf und Jahr, gegenüber 21 Kilo Fleisch für jeden Palästinenser, 9 Kilo für jede Nigerianerin, 5 Kilo in Indien und 3 Kilo in Burundi, Bhutan und Bangladesh pro Kopf und Jahr. In Deutschland sind's übrigens heute 88 Kilo, zu Goethes Zeiten waren's nur 14.

Greta: Und Goethe selber lebte vegetarisch.

Mephi: Und ohne Fleisch, mit Geistesstärke
schrieb der Mann so weise Werke ... wie das Gedicht vom Zauberlehrling, der seinen Wasserzauber nicht mehr stoppen kann und in seiner Panik ausruft:
„Helft mir, ach, ihr hohen Mächte"?
Meine Frage an die drei mächtigen Weltreligionen ist ganz schlicht und einfach: Hilft der Allesbeweger, hoch im Himmel oben, uns hier unten raus aus der Klimafalle? Wird der große Meister kurz vor knapp noch eingreifen und den schwitzenden Zauberlehrling Menschheit [er zeigt auf Dok] vor dem Versaufen retten?

Dok: [deklamiert stehend, pathetisch Goethes neue Verse ...]
O du Ausgeburt der Hölle!
Wird Miami bald versaufen?
Seh ich über Hamburgs Schwellen
doch schon Wasserströme laufen!
Aufwärts wie die Treibhausgase
das Meer nun auch schon steigen will.
Das heißt, wenn wir so weiterblasen,
steh'n Küstenstädte auf dem Spiel!

Mephi: Gut zitiert, mein Azubi! Der Junge hat Talent! New York, Miami, Hamburg und Kalkutta: Die Hitze kommt wie's Hochwasser, oder?
Aber hört mal: Ist der Gute da oben nicht stärker als der Böse hier unten? Und mit wem hält's diese Welt? Wenn zusammen mehr als 55 Prozent der Menschheit euren drei Religionen angehören und euer dreimaleiner Gott fordert, dass ihr schnell aktiv werdet, ja warum tut sich denn dann nichts? Kommt der Klima-Crash zwangsläufig, wie das Amen in der Kirche? Bitteschön, bevor ich explodiere, darf ich mir in einem Lied ein bisschen [er schreit] LUFT MACHEN?

44

ES IST JA NICHT ZWANGSLÄUFIG SO

Nach „It ain't necessarily so" von Ira und George Gershwin mit DuBose Heyward, aus dem Musical *Porgy and Bess*.
(S = Solo Mephi, C = Chor, d.h. Greta, Dok, Rapha, Gabri, Micha und die Klimusiker)

Klimatext	**Originaltext (Sportin'Life's part)**
S: Es ist ja nicht zwangsläufig so	It ain't necessarily so.
C: Es ist ja nicht zwangsläufig so	It ain't necessarily so.
S: Die Erde wird heißer,	The things that your preacher
S: die Leugner wer'n leiser,	is liable to teach ya –
S: und letzt'res ist zwangsläufig so.	no, it ain't necessarily so.
S: Die Bibel sagt, David war klein.	Li'l David was small, but Oh My!
C: Die Bibel sagt, David war klein.	Li'l David was small, but Oh My!
S: Der Goliath gehässig,	He fought Big Goliath
S: und David ganz lässig	Who lay down and dieth –
S: traf ihn an der Stirn mit'nem Stein.	Li'l David was small, but Oh My!
S: David?	Wadoo!
C: David!	Wadoo!
S: Siegt gegen Goliath?	Zim bam boddle-oo!
C: Siegt gegen Goliath!	Zim bam boddle-oo!
S: Apokalypse?	Hoodle ah da waah da!
C: Apokalypse?	Hoodle ah da waah da!
S: Nicht mit euch?	Scatty way!
C: Nicht mit uns!	Scatty wah!
C: Nie mit uns!	Yeah!
S: Benziner und Diesel sind Shtonk?	Old Jonah, he lived in the whale.
C: Benziner und Diesel sind Shtonk!	Old Jonah, he lived in the whale.
S: Bald fahrt ihr elektrisch	For he made his home in
S: und weniger hektisch –	that fish's abdomen –
S: und werdet auch weniger kronk.	Old Jonah, he lived in the whale.
S: Klein Mose schwamm her auf dem Nil,	Li'l Moses was found in a stream.
C: Klein Mose schwamm her auf dem Nil,	Li'l Moses was found in a stream.
S: genau zu der Tochter	He floated on water
S: des Pharao – wer lacht da?	to old Pharao's daughter, she
S: Sie zog ihn – sagt sie – aus dem Nil.	fished him, she says, from that stream.
S: Moses?	Wadoo!

C: Moses!	Wadoo!
S: Schwamm auf dem Nil?	Zim bam boddle-oo!
C: Schwamm auf dem Nil!	[... Rest der Strophe wie die ab „David ...“]

S: Es lehr'n euch die Alten	To get into heaven
S: gehorsam's Verhalten:	don't snap for a Seven –
S: Ihr seht ja, wohin das dann führt!	live clean! Have no fault!
S: Doch statt brav zu glauben	Oh, I take that Gospel
S: könnt ihr euch erlauben	whenever it's poss'ble –
S: ganz selber zu denken. Kapiert?	but with a grain of salt!

S: Holt ihr noch den Müll aus dem Meer?	Methus'lah lived 900 years.
C: Wir holen den Müll aus dem Meer!	Methus'lah lived 900 years.
C: Wir schützen Korallen	But who calls that livin'
C: zum Vorteil von allen.	when no girl will give in
S: Die hol'n noch den Müll aus dem Meer!	to no man who is 900 years?

S: Es ist ja nicht zwangsläufig so.	It ain't necessarily so.
C: Es ist ja nicht zwangsläufig so.	It ain't necessarily so.
S: Der Teufel sei böse,	They tell all you chillun
S: sagt man – so'n Käse!	the Devil's a villun
S: Es ist ja nicht zwangsläufig so.	But it ain't necessarily so.

S: Ich hoff ihr versteht mich jetzt schon:	I'm preaching this sermon to show:
S: Es ist ja nicht, ist ja nicht,	I ain't necessa, ain't necessa,
S: ist ja nicht, ist ja nicht,	ain't necessa, ain't necessa,
SC: ist ja nicht zwangsläufig so!	ain't necessarily so.

Greta: Okay, wir haben's kapiert. Wir denken selber.

Dok: Und *ich* denk, wir machen was falsch, wenn wir nur Juden, Christen und Muslime fragen. Was ist mit den anderen Religionen, die gar nicht so sehr an einen belohnenden und strafenden Gott im Himmel glauben, sondern an die Wiedergeburt aller Menschen auf der Erde?

Greta: Genau, vor allem Hindus und Buddhisten ...

Dok: Und Sikhs und Jains, Jesiden und Bahai ...

Rapha: Auch viele Juden glauben an Wiedergeburt.

Micha: Und im Islam die Sufis und die Aleviten.

Dok: Auch Goethe – der hatte übrigens einen türkischen Vorfahren – sprach über Seelenwanderung. Mehr als die Hälfte der Menschheit glaubt an die Wiedergeburt verstorbener Seelen in neuen Körpern.

Greta: Und wenn wir jetzt mal Wiedergeburt und Klima zusammenbringen?

Dok: Wie meinst'n das?

Greta: Schau mal: Viele Leute behaupten noch immer: Klimakrise gibt's nicht. „I don't believe it." Die sagen, Klimawandel is ne Erfindung der Chinesen und so'n Schrott. Und diese Leute tun rein gar nichts gegen die Gefahr, sondern machen einfach weiter, *business as usual.* Und jetzt stell dir vor, die Klimaleugner sterben irgendwann mal, und dreißig Jahre später kommen sie wieder auf die Welt, die mittlerweile ganz schön heiß und chaotisch und gewalttätig ist, und dann müssen sie alles selber ausbaden und ausschwitzen.

Dok: Da wär doch irgendwie gerecht, oder?

Greta: Zumindest sagt dann keiner mehr „I don't believe it".

Dok: Das gefällt mir. Ich glaub', ab heute glaube ich an Wiedergeburt. Wie Goethe. Als der wieder mal verliebt war, schrieb er an einen Freund, er könne sich die Anziehungskraft dieser Frau nicht anders erklären als dass sie in einem früheren Leben seine Ehefrau gewesen war.

Greta: Hatte Goethe Kinder?

Dok: [zeigt mit den Fingern] Fünf. Mit Christiane Vulpius, seiner Ehefrau in diesem Leben.

Greta: Ich glaube, auch in fünfzig und hundert, in zweihundert und zweitausend Jahren werden Menschenkinder auf diese Welt kommen. Und ob die zum ersten Mal geboren oder zum x-ten Mal wiedergeboren sind – was macht das aus? Sind die Probleme, die sie wegen der Erderhitzung haben werden, weniger schlimm, wenn sie neue Menschen sind anstatt wiedergeborene, recykelte?

Dok: Nein, aber viele Menschen, die heute schon vierzig, fünfzig Jahre alt sind, denken: Mich trifft's ja nicht mehr. Ich leb' jetzt, und lustig, im Luxus. Nach uns die Sintflut, nach uns die Hitze, flieg'n wir noch schnell in die Südsee, mach'n wir noch schnell eine Kreuzfahrt ...

Greta: Nach uns der Hunger, nach uns die Kriege, auch wenn's die eigenen Kinder trifft. Aber würde einer dieser Leute sein Verhalten ändern, wenn er wüsste, dass er selber es in seinem nächsten Leben ausbaden muss?

Dok: Klar ist nur, bei Wiedergeburt gibt's auch ein Platzproblem: Wie viele Milliarden haben Platz zum Leben, wenn wir die Hälfte der Erde zu heiß machen?

7. Szene: Stämme statt Steaks!

Greta: Über Wiedergeburt zu reden führt, glaub' ich, nicht wirklich weiter. Was zählt, ist, ob wir uns verantwortlich fühlen für die nächsten Generationen, ganz egal ob wir selber diese G.2, G.3, G.4 sind oder andere.

Dok: Lieb' deine nächsten Generationen,
bemüh' dich, sie gerecht zu schonen!
Was du selbst nicht willst erleiden,
das hilf dem Nachwuchs zu vermeiden ...

Greta: Dem Nachwuchs, ob geboren oder ungeboren. Artikel 1 der Menschenrechte: Alle Menschen sind frei und gleich an Würde und Rechten geboren. Sie sind mit Vernunft und Wissen begabt und sollen einander im Geist der Brüderlichkeit begegnen.

Dok: Die Gleichheit ist doch vielen so gleich wie alte Wurst, und dabei geht es zwischen Menschen immer um dasselbe: Meine Rechte und das Recht der andern.

Greta: Ich – und meine Nächste: wir haben die gleichen Rechte. Darf ein Reicher die Atmosphäre hundertmal mehr mit CO_2 anreichern als der Arme, der vor Hitze umkommt? Hat ein deutscher Autofahrer im SUV das gleiche Recht wie ein stocknüchterner Rikschafahrer in Sri Lanka? Wenn das Klima keine Frage der Gerechtigkeit und keine religiöse Frage ist, was dann? Und um das Thema Religionen abzuschließen, wie wär's mit dem berühmten Satz von diesem Häuptling der Lakota-Indianer? „Wir haben diese Welt von unseren Kindern nur geliehen." Also bitte, liebe Eltern, gebt uns das gute Stück zurück, in ordentlichem Zustand, und nicht mit eingebauter Selbstzerstörung.

Dok: Kennst du den Spruch des Onondaga-Häuptlings Oren Lyons? Er sagte: „Wir Onondaga denken bei jeder Entscheidung an die siebte der kommenden Generationen. Es ist unsere Aufgabe, dafür zu sorgen, dass die Menschen nach uns, die noch ungeborenen Generationen, eine Welt vorfinden, die nicht schlechter ist als die unsere – und hoffentlich besser."

Greta: Super! Die Onondaga denken sieben Generationen voraus, die fühlen sich für sieben kommende Generationen verantwortlich. Vorgestern habe ich eine kurze Meldung aus Brasilien gelesen. Da wird ja immer mehr der Regenwald am Amazonas abgeholzt. In den Indianerreservaten aber geschieht die Abholzung durch Holzfirmen und Agrobusiness zwölfmal langsamer, weil die Indios den Wald beschützen und eine nachhaltige Art von Landwirtschaft betreiben, im Wald unter den Bäumen, ganz vielfältig und naturnah. Und ich sag dir eines: Die Indios haben die Lösung, und die heißt Wälder.

Mephi: Mein Gott, Wälder. Hört auf zu träumen. Wälder beschützende Indios gibt's heute noch ein paar Millionen, auf einer Welt mit sieben Milliarden Verschmutzern!

Greta: Erst träumen, dann denken, dann handeln. So geht das. Lassen Sie mich erklären:
Erstens Träumen: Ja, ich träume davon, dass wir es schaffen.
Zweitens Denken: Seit den ersten Dampfmaschinen haben wir Menschen unsere Atmosphäre mit 300 Milliarden Tonnen Kohlenstoff befrachtet. Mehr als 200 Milliarden Tonnen können wir innerhalb weniger Jahrzehnte wieder rausziehen, und zwar wie?

Indem wir Bäume pflanzen! Forscher der Technischen Hochschule Zürich haben berechnet, dass heute 2,8 Milliarden Hektar unserer Erde mit Wäldern bedeckt sind, und dass wir noch 0,9 Milliarden Hektar übrig haben.
Drittens, Handeln: Diese 0,9 Milliarden Hektar werden wir mit Bäumen bepflanzen. Und zwar schnell.

Dok: Da brauchen wir aber eine Masse Bäume!

Greta: Die Schweizer Forscher haben berechnet, dass auf den 0,9 Milliarden Hektar wie viele Bäume wachsen können? Rat mal!

Dok: Ein Hektar ist etwa ein Fußballfeld. Da haben, schätz' ich mal, gut tausend Bäume Platz. Nur Fußballspielen wird dann etwas schwierig.

Greta: Momentan hat die Erde drei Billionen Bäume. Auf den 0,9 Milliarden Fußballfeldern hat noch eine Billion Bäume Platz, haben die Schweizer berechnet.

Dok: [rechnet auf dem Handy] Eine Billion Bäume für 7,7 Milliarden Menschen, das heißt pro Mensch, vom Baby bis zur Oma, 130 Bäume pflanzen, und dafür stehen für jeden Menschen 1200 Quadratmeter zur Verfügung. Für jeden müsste also, pi mal Daumen, eine Fläche von 35 x 35 Metern aufgeforstet werden. Unser Garten hat 20 x 15, das weiß ich vom Rasenmähen.

Greta: Die UNO hat schon ihr Programm „Eine Billion Bäume" gestartet. Das hat aber nur dann Sinn, wenn wir Kohle und Öl nicht mehr verbrennen, sondern im Boden lassen. Und die Bodenfläche zum Bäumepflanzen wird noch sehr viel größer, wenn wir auf Fleisch und Milch verzichten und die freigewordene Fläche statt für Weide und Tierfutter nun für Bäume verwenden. Stämme statt Steaks: ein starker Stabreim, stimmt's? Was meinen die Musiker?

Harry: Buchen und Eichen statt Käs' und Tierleichen.

Rosa: Bäume statt Schnitzel, klingt besser, ein bitzel ...

50

Ira: Bäume statt Döner, so reimt sich's noch schöner.

Rapha: Und man kann es auch schön bildlich darstellen.

Gabri: Zuerst mal zeigen wir, wie's jetzt ist ...

Micha: Alle Wiesen voll mit Spießen.

Die drei bepflanzen die ganze Bühnenfläche schnell mit manns-
bzw. fraushohen, senkrecht stehenden Dönerspießen [bemalte
Hartfaserplatte auf Dachlatte, Sockel aus Spanplatte].

Rapha: So sieht's heut aus ...

Gabri: Und jetzt kommt der Dönerwandel ...

Umgedreht erstrahlen die Spieße als Bäume im satten Grün.

Mephi: Es lässt sich wunderbar träumen
von Klima rettenden Bäumen
von Indios, die statt zu jagen,
nur Bäume pflanzen, Nüsse schlagen.

Na Bravo, ihr jungen Naiven
mit euren nassforschen Initiativen!
Die Lösung habt ihr schön erdichtet,
doch diese Menschheit – wird gerichtet!

Rapha, **Gabri**, **Micha**:   Wird gerettet!

Greta: Und zwar durch uns selber, indem wir den Planeten und
uns selber AUFBÄUMEN!

8.Szene: Wetten, wir kriegen das hin?

Mephi: Wär' das Wetter nicht eine Wette wert?
Ich wünschte, dass ihr meinen Vorschlag hört!

Greta: Wetten? Um was?

Mephi: Ich wette, dass diese Menschheit es nicht schaffen wird, die Klimakatastrophe abzuwenden. Ich wette und behaupte, dass schon in zweimal sieben Jahren, also im Jahr 2034, klar sein wird, dass es nicht gelang, das CO2 im Zaum zu halten, und dass zu diesem Zeitpunkt verschiedene Kippschalter bereits so umgelegt sein werden, dass die Eigendynamik der sich selbst verstärkenden Wirkungen, der sogenannten Feed-back-Cycles oder Teufelskreise, nämlich Auftauen der Permafrostböden, Absterben des Phytoplanktons, Abschmelzen der Gletscher und Zunahme von Waldbränden, nicht mehr aufzuhalten ist.

Greta: Wir wetten dagegen!

Mephi: Die Gletscher schmelzen immer schneller! Ötzis fahren Wasserski!

Greta: Wir wetten dagegen!

Mephi: Die Permafrostböden tauen 70 Jahre früher auf als angenommen, und hauen eingefror'ne Mammutfürze raus, dass's nur so raucht!

Greta: Wir wetten dagegen!

Mephi: Die Wälder brennen in Europa, in den Tr*op*en, in der Arktis, kaum zu st*ohp*en ...

Greta: Wir wetten dagegen!

Dok: Um was geht die Wette?

Mephi: Um Lose, wie bei der Lotterie. Man will ja auch was verdienen. Drum hab ich bereits die ersten Lose drucken lassen und mitgebracht. Mit dem Kauf eines solchen Loses (er hält eines hoch) zum Preis von nur 5 Euro wettet der Käufer/die Käuferin, dass die Menschheit es schaffen und diese existentielle Prüfung, diese Reifeprüfung bestehen wird.
Wenn die Menschheit es schafft, bis 2033 den Anstieg der Durchschnittstemperatur auf 1,8 Grad zu begrenzen, habe ich meine Wette verloren. Dann werde ich dem Inhaber/der Inhaberin jedes Loses auf Wunsch ein DANKSCHREIBEN mit meiner

eigenhändigen Unterschrift aushändigen, mit der ich auch meinen Irrtum eingestehe. Durch die Unterschrift seitens des Satans, seitens der kosmischen Kraft, die stets das Böse will und stets das Gute schafft, hat jedes dieser Dankschreiben einen Wert von mindestens, ehm, tausend Euro, auf dem schwarzen Markt noch etwas mehr. Na, ist das ein Angebot? Unschlagbar, oder?

> Ist's möglich, dass im Publikum
> noch sitzt ein Individuum,
> das es nicht drängt zum Losekauf?
> Ja du? Dann leg ich noch eins drauf.
> Jawohl ich selber, der Mephisto,
> Goethes schwarzer Anti-Christo!
> Denn Bäumchen pflanzt ein desaströser,
> ein kosmisch allbekannter Böser
> grad so gern wie Deutschlands guter
> Reformator Martin Luther.[8]

Die fünf Euro Kaufpreis werde ich voll und ganz für einen allgemeinnützigen Zweck verwenden, nämlich den Kauf von Baumsetzlingen zur Anpflanzung in ausgewählten Ländern.
Und noch ein Bonbon, Leute: Für eure fünf Euro könnt ihr hier und heute abend sofort einen Baumsetzling mit nach Hause nehmen, wenn ihr euch verpflichtet, diesen in eurem Vorgarten anzupflanzen. *Grau ist alle Theorie, mein Freund, und grün des Lebens goldner Baum.* So schlecht nämlich, verehrte Herrschaften, so schlecht is' der Teufel gar nicht. Oder?

Greta: Liebe Gäste, diese teuflisch gute Idee des Herrn Klimephisto kommt jetzt ein bisschen überraschend, aber ich denke, der Losverkauf lässt sich ganz locker neben der veganen Imbiss-

---

8 Der Satz „Wenn ich wüsste, dass morgen die Welt unterginge, würde ich heute noch ein Apfelbäumchen pflanzen" wurde Luther wohl erst ab 1944 als griffiges Trostwort in den Trümmern Deutschlands zugeschrieben. Verbürgt sind folgende Zitate: Rabbi Yohanan ben Zakkai (ca.30-90) sagte: „Falls der Messias kommt, wenn du gerade einen Setzling in der Hand hast, so pflanze erst den Baum, dann geh und grüße den Messias." (Avot D'Rabbi Natan, 31b); Mohammed sagte: „Falls die letzte Stunde angebrochen ist während jemand einen Palmensetzling in der Hand hält, den er pflanzen könnte, bevor die Stunde schlägt, soll er ihn pflanzen" (überliefert von Anas ibn Malik, u.a. im Musnad von Ahmad Kapitel Al-Mukthrin, Hadith 12512).

pause abwickeln, in welche wir beide, der Doktor und ich, Sie mit unserem Lieblingssong verabschieden möchten.
Nach der Pause möchten wir Sie einladen zu einer Diskussion hier im Saal über unser Stück, über unsere blauäugige Naivität und über die Klimakrise.

LA BAMBA   Dieses mexikanische Volkslied, das auch den Hit der Beatles *Twist and Shout* von 1963 inspirierte, entstand schon um 1683, nachdem der niederländische Pirat Laurens de Graaf die Stadt Veracruz geplündert und gebrandschatzt hatte. Das Wort „bamba" wird hergeleitet vom Begriff der „bambaria" die in etwa bedeutet, künftig zu verhindern, was bereits einmal geschehen ist. Andererseits kamen viele mexikanische Sklaven aus Angola und Kamerun, wo das Volk der M'Bamba am Bamba-Fluss lebte. In diesem Sinne wird „bambarria" übersetzt als Aufstand der Sklaven, die (historisch belegt) seit 1816 nach dem Lied tanzten. „Bambolear" bezeichnet ein Hin- und Herschwingen, etwa im Tanz. *Arriba* heißt „hinauf" und „Jetzt geht's los!" *Criollo*, kreolisch im Sinne von miszigener, afrikanisch beeinflusster Multi-Kultur, sind übrigens alle Songs dieses Climapocalypso nach dem Prelude.
Die Wörter in Großbuchstaben sind die kritischen Einwürfe des respektlosen Mephi, dem ja keine Hoffnung heilig ist ...

Originaltext	**Klimatext**
Para bailar la bamba	Um zu kämpfen für's Klima,
Para bailar la bamba	was zu tun für das Klima
Se necesita una poca de gracia	benötigst du etwas ritmo criollo.
Una poca de gracia	Etwas ritmo criollo
pa mi pa ti	pa mi pa ti.
Y arriba y arriba	Y arriba el clima! ARRIBA!
Ay arriba y arriba, por ti sere,	Ay arriba el clima für dich und mich,
por ti sere, por ti sere!	für dich und mich, für dich und mich!
Yo no soy marinero	Wir sind keine Idioten! O NO!
Yo no soy marinero, soy capitan	wir sind keine Idioten, sind nur Matrosen
Soy capitan, soy capitan	auf unserem Raumschiff, der Terra.
Bamba, bamba	Viva la Terra!
Bamba, bamba	Viva el clima!

Bamba, bamba	Venceremos!	TALVEZ!
Bamba	Viva!	

Para bailar la bamba	Um zu siegen für's Klima,	
Para bailar la bamba	zu siegen für's Klima	
Se necesita una poca de gracia	brauchst du auch esperanza e ritmo de danza,	
Una poca de gracia pa mi pa ti	ritmo de danza pa mi pa ti,	
Pa ti, pa mi	yo contigo, yo contigo.	
Y arriba y arriba	Y el clima es vida.	VERDAD!
Ay y arriba y arriba	Ay el clima es vida	
Por ti sere, por ti sere, por ti sere	für dich und mich, dich und mich!	

Bamba, bamba	Viva la Terra!	
Bamba, bamba	Viva el clima!	
Bamba, bamba	Wir werden siegen!	ACH SO?
Bamba	Viva!	

Para bailar la bamba	Und wir werden gewinnen!	ACH JA?
Para bailar la bamba	Und wir werden gewinnen,	
Se necesita una poca de gracia	denn wir beschützen das einzige Klima,	
Una poca de gracia pa mi pa ti	denn es gibt keine Planeta B	
Y arriba y arriba	e nos venceremos!	MEINT IHR?
Ay arriba y arriba	Ja wir werden gewinnen	
Por ti sere, por ti sere, por ti sere	für dich, für mich, für dich und mich	

Bamba, bamba	Viva la Terra!	
Bamba, bamba	Viva el clima!	
Bamba, bamba	Venceremos!	VIELLEICHT!
Bamba	Viva!	

9. Schlussforum: Geht nicht – geht schon – geht anders.

„Fausts Liebesbeziehungen zu Gretchen nehmen einen verhäng-
nisvollen Verlauf. Die Frage erhebt sich: würden sie das nicht,
wenn Faust Gretchen heiratete?" So fragt der brasilianische
Theatermacher Augusto Boal (1931-2009), der im Jahr 1971
nach Verhaftung und Folterung ins Exil ging, erst nach Ende
der Militärdiktatur (1964-1985) nach Rio zurückkehrte und mir
anno 2000 beim Workshop „Theater macht Politik" in Gauting

bei München ein Interview gab. Seine Gretchen-Heirat-Frage beantwortet Boal so: „Für gewöhnlich wird diese Frage nicht gestellt. Sie erscheint als zu banal, niedrig, spießig ... Aber die einfachen Leute stellen diese Frage ... Und nach einigem Nachdenken wird der Schauspieler merken, dass diese Frage eine sehr nötige, nutzbringende ist."

Boal betont: „Jeder Mensch ist ein Künstler."[9] Geprägt von Paulo Freire und Bertolt Brecht, realisieren die Methoden seines „Theaters der Unterdrückten" Ziele, von denen ich hier nur folgende betonen möchte:

- Die Zuschauer werden als aktive, den offenen Schluss beeinflussende Teilnehmer und kritische Beurteiler einbezogen: *consuming spectators* werden *producing spect-actors*. „Denn nur der Unterdrückte selbst kann sich befreien."[10]
- Das Körperliche – als Sichtbarwerden der inneren und äußeren Befindlichkeit – wird betont: „Jede Körperhaltung, jeder physische Ausdruck bewirkt einen Dialog mit anderen Menschen."
- Theater fördert Solidarität und Zusammenarbeit, dient der Bewusstmachung unterdrückender Strukturen und Verhaltensweisen, von Aberglauben und Mystifikationen, in Aktion und basisdemokratischem Dialog.
- Und wie Paulo Freire verteidigt Augusto Boal das Träumen. Zwar sei es falsch, wenn „*people await from the sky everything*" denn „*from sky comes rain and nothing more*". Und wenn viele Arme in Brasilien sich täglich die *telenovelas* reinziehen, die aus einer reichen schönen Welt erzählen, „*then this is a bad dream*". Aber trotzdem:„*Dreams can create reality*."

Das anspruchsvolle Ziel, den Zuschauer aus der Konsumentenrolle heraus zu aktivieren, wird in meinen Stücken „Männer!" und „Böse Mädchen" lediglich durch Interviews mit pointierten Fragen in den Zuschauerreihen versucht, bei „Rauchen ist gesund, sagt Dr. Marlboro" in einer Debatte mit Drogenexperten auf der Bühne. Hier im Finale des Climapocalypso könnte sich die Aktivierung so anlassen:

---

9 Boal, Augusto: Theater der Unterdrückten. Frankfurt a.M. 1989, p.173ff..
10 Presseinterview, München 20.10.1997; in: Institut für Jugendarbeit des Bayerischen Jugendrings (Hg.): Gautinger Protokolle, München 1998, p.99.

A. Zum Aufwärmen

1. Sie kennen das Kinderspiel „Wer hat Angst vor'm ...?" Dürfen wir Sie fragen, wer von Ihnen Angst vor dem Klimawandel hat? Viel Angst, wenig Angst, gar keine? Also, wer gibt zu, dass er viel ... wenig ... und wer hat gar keine Angst vor irgendetwas Apokalyptischem beim Klimawandel?

2. Jetzt nochmals dieselbe Frage, aber nur an Personen unter zwanzig Jahren ...; und zuletzt nur an Leute, die schon Kinder oder Enkelkinder haben ...

3. Ja Sie bitte, darf ich Sie fragen, wieviele Kinder haben Sie, oder sogar schon Enkel? Macht Ihnen die Erderwärmung aus diesem Grund mehr Sorgen?

B. Kritik am Stück

4. In Goethes Doktor Faust, dem meistzitierten Drama der Welt, ist das naive Gretchen das unschuldige Opfer. Die Täter sind männlich und superklug, Faust und Mephisto. Das naive Gretchen mit Greta Thunberg zu vermischen, war das genial oder genial daneben? Kommt den Frauen in der Klimafrage eine besondere oder gar entscheidende Rolle zu?

5. In seinem Buch „Theater der Unterdrückten" stellt der brasilianische Theatermacher Augusto Boal die Frage: „Würde die Liebesbeziehung von Goethes Doktor Faust mit Gretchen nicht so tragisch enden, wenn der Doktor Gretchen heiraten würde?" Mit dieser Frage deutet Boal vielleicht auf den Konflikt zwischen dem Recht auf persönliches Glück und Verantwortung für das Ganze, für den Planeten. Sollten Greta und Dok heiraten, Kinder haben und das Klima Klima sein lassen? Oder als Familie noch besser gegen die Katastrophe kämpfen?

6. Oder hat unser Stück eh' schon zu viel auf Happy End gezielt? Hat unser Spiel die naturwissenschaftlichen Daten fehlerhaft dargestellt oder blauäugig beschönigt? An welchen Stellen würden Sie gerne etwas ändern? Wir bitten um Vorschläge!

7. War es gut, die Gretchenfrage in der Fassung „Ihr Religionen, wie haltet ihr es mit dem Klima?" so massiv in dieses Stück einzubauen?

C. Im Sinn von Boals „simultaner Dramaturgie"

8. Ist der Klimawandel mehr eine religiöse oder eher eine politische oder vornehmlich eine technische Frage? Wenn sie mehr politisch ist, welche Rollen würden Sie statt den Engeln und dem

Klimephisto gerne in das Stück einbauen? [Aus diesen Rollen könnte sich Boals Element der „Skulptur" und des „gefrorenen Bildes" entwickeln: Die Rollenträger (Politikerin, Journalistin, Bischof, Junge, Alte, Unternehmer ...) positionieren sich, jede in einer typischen sozialen Pose, gegenüber den anderen; Zuschauer korrigieren die Posen und finden Inhalte für eine Sprechblase auf Wanderschaft über die Köpfe nacheinander jedes dieser Rollenträger, die aber auch einen Satz über ihre Gefühle in sich selbst oder gegenüber den anderen äußern können]

9. Liebe Gäste, der brasilianische Dramatiker Augusto Boal bot bei seinen Inszenierungen dem Publikum an, einen anderen Schluss zu erfinden, den die Schauspieler dann auch gleich auf der Bühne improvisierten. Danach wurde diskutiert, ob diese Lösung tatsächlich realistischer oder interessanter war. Deshalb möchten wir Sie fragen: Meinen Sie, dass die Lösung „Stämme statt Steaks" wirklich machbar ist?

Was sehen Sie als den wichtigsten Punkt, die wichtigsten Punkte einer wirklich funktionierenden Lösung? Können Sie sich eine bessere, realistischere Schlussszene vorstellen? Oder eine mit mehr Ironie? Oder auch eine bösere Lösung à la Mephisto? Liebe Zuschauer, wenn Sie eine Idee für eine andere Schlussszene haben, sagen Sie's uns bitte. Wir werden versuchen, Ihre Idee ganz spontan hier zu inszenieren. Wir sind Ihre Diener, Sie unsere Mephistos, unsere Meister und Gebieter!

Greta: Liebe Gäste, wir danken Ihnen für Ihren Besuch und für die gute Rolle, die Sie in dieser Aufführung gespielt haben. Mehr als für viele andere, literarisch hochwertige Dramen gilt für unser Stück Bertolt Brechts Vers aus dem Guten Menschen von Sezuan:

„Verehrtes Publikum, los such dir selbst den Schluss!
Es muss ein guter da sein, ...

Alle: *... muss, muss, muss!"*

Prelude — Shto Mne Gore - Was mich bekümmert

Russische Melodie der Sinti und Roma, erstmals publiziert von Samuel Pokrass (1894-1939); meine Gitarren-Akkorde werden im Vorspiel des Stückes nicht benötigt. Vielleicht für eine Zugabe am Schluss?
Das zum Klimawandel passende *accelerando* dieses Liedes wurde mitreißend gegeigt von Titi Winterstein (1956-2008) auf der LP *Dja Maro Drom* des Häns'che Weiss Quintetts.

Einstein Farewell

Nach dem karibischen Calypso „Jamaica Farewell" unbekannter Komponisten, bekannt gemacht von Harry Belafonte, der in Harlem (NY) als Sohn der schottisch-jamaikanischen Haushälterin Melvine Love und des holländisch-sephardisch-jamaikanischen Matrosen Harold George Bellanfanti geboren wurde und teils in Jamaika aufwuchs.

E-O

Nach dem jamaikanischen (Mento-Style) Calypso *Day-O* unbekannter Komponisten, bekannt gemacht vor allem durch Harry Belafonte.

Gre - ta komm, man fliegt jetzt mit Stro - om. Al - les jetzt oh-ne Ce - o - zwei!
Gre - ta komm, man fliegt jetzt mit Strom. Ab - gas - frei mit gu - tem Ge-wis-sen,
Flug - hö-he drei - ßig - tau - send Fu - uß, Gre - ta, bit - te gib mir ein Küss chen!
Gre - ta komm, gib ihm ei - nen Kuss. Reg - gae, now Reg-gae-lec-tro!
Ras - ta-fa - ri heu-te ganz mit Stro - om, Ras - ta und Reg gae und Ras-ta und Reg-gae und Ras-ta
und Reg-gae-lec-tro, Ras - ta-fa - ri heu-te ganz mit Strom. Mit So-lar - strom,
bil-lig wie Ba-na - nen: Die Er - de wird kein Treib-haus se-in. Wer konn-te das vor
Jah - ren schon ah - nen? Und nach drei Wo - chen geht's wie - der heim. E - o,
E - e-lec-tro! Nach Ja-mai - ca mit So-lar - strom! E, me say E, me say
E, me say day, me say day, me say Da-y-lec-tro. Der Tag bricht an und wir lan - den schon.

Filosovieh

nach dem Samba *Filosofia* des brasilianischen Komponisten, Sängers und Gitarristen Noel de Medeiros Rosa (Rio de Janeiro 1910-1937), komponiert 1933, aber mehr bekannt geworden durch Chico Buarque, der Noel Rosas Lied 1974 neu aufnahm, da ihm die Militärs eigene Texte verboten hatten.

(Youtube bietet *Filosofia* in Aufnahmen sowohl von Noel Rosa als auch von Chico Buarque.)

Kein Mangel an Not

nach Mordechai Gebirtig

(1) Originalsatz in D-Dur, Gitarrenarrangement von Velvel Pasternak

(2) Version in E-Dur, vom Autor dieses Stückes

La Bamba

Um La Bamba zu tanzen, brauchen sie und er ein wenig Anmut („una poca de gracia"). Das fordern die spanischen Verse dieses alten mexikanischen, heute bei Hochzeiten üblichen Volksliedes, während der Tänzer betont, dass er kein bloßer Seemann (marinero), sondern Herr des Schiffes ist. „Por ti sere" – für dich werd ich's sein.

Es ist ja nicht zwangsläufig so

„It ain't necessarily so" singt der Skeptiker Sportin' Life in George und Ira Gershwins Musical *Porgy and Bess*. Für den Climapocalypso habe ich Partitur und Gitarrenbegleitung vereinfacht. Vokalparte (Solo versus Choral) siehe S.44 f.

Mo - ses? Mo - ses!... ...Nie mit uns!
Es lehr'n euch die Al - ten ge - hor - sam's Ver - hal - ten, ihr
seht ja, wo-hin das führt. Doch statt brav zu glau - ben, könnt
ihr euch er - lau - ben, ganz sel - ber zu den - ken, ka - piert? Holt
Es
ihr noch den Müll aus dem Meer? Wir ho - len den Müll aus dem
ist ja nicht zwangs-läu - fig so. Es ist ja nicht zwangs-läu - fig
Meer! Wir schüt - zen Ko - ral - len zum Vor - teil von al - len. Die
so. Der Teu - fel sei bö - se, sagt man, so ein Kä - se! Es
hol'n noch den Müll aus dem Meer! Ich hoff', ihr ver - steht mich jetzt
ist ja nicht zwangs-läu - fig so.
schon: Es ist ja nicht, ist ja nicht, ist ja nicht, ist ja nicht,
ist ja nicht zwangs - läu - fig so!

Und dann noch dieser doofe *running gag* des Climapocalypso, dass jemand auf Befehl der schwarzmagischen Macht plötzlich ein Instrument beherrscht, ohne es je zuvor gespielt zu haben ...

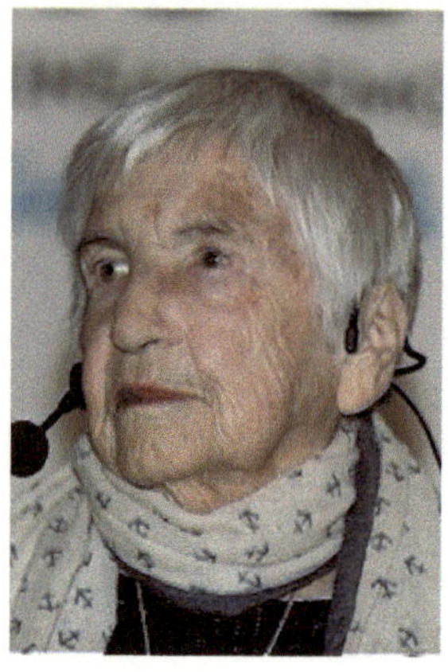

Esther Bejarano kam 1924 in Saarlouis im musikalischen Haus der Kantorfamilie Löwy zur Welt. Am 20.April 1943 hörte sie in Auschwitz die Begrüßungsworte: „So, ihr Saujuden, jetzt werden wir euch zeigen, was arbeiten heißt."[11] Bei dürftigster Verpflegung rechnete Esther mit ihrem baldigen Tod, als die Nazis eine Akkordeonistin suchten – für das Lagerorchester, das am Tor den neuen Opfern aufzuspielen hatte, nach dem Motto „Wo man singt, da lass dich ruhig nieder, böse Menschen haben keine Lieder."

Obwohl sie zuvor noch nie einen Ton auf einem Akkordeon gespielt hatte, beherrschte sie das Instrument auf Anhieb, denn „ich sagte mir, ich muss das unbedingt schaffen, sonst gehe ich zugrunde".[12] So berichtet sie, die immer noch mit einer Antifa-Band auftritt (denn „mit Musik kann man sehr viel machen")[13], an ihrem 95.Geburtstag im Dezember 2019.

---

11   „Esther Bejarano und die Microphone Mafia", Pfalz-express.de, 16.06.2018; Wikipedia; Foto: Wikimedia Commons.
12   „Ich hatte jeden Tag Angst", t-online.de,.14.12.2019.
13   deutschlandfunk.de, 05.09.2016.

Ein Epilog muss noch ...
von dem Autor,
der etwas klüger
als zuvor

Dieses Klimusical verdankt sich ganz wesentlich sieben genialen, für immer unbekannten oder schon seit 70+ Jahren verstorbenen Tonkünstlern. *Grácias, Spasíbo, Thanks, a sheynem Dank* und *Obrigado* für eure wunderschönen Geschenke an die Nachwelt vor dem Klimaproblem!

Klar, dass auch ich mich nicht dumm und dämlich verdienen möchte mit diesem Stück, das ich hiermit allen interessierten Gruppen zur Inszenierung freigebe. Über Rückmeldungen an u.g. Email-Adressen würde ich mich freuen.

Das Stück will verändern und darf verändert werden. Alle vorgeschlagenen Diskussionsfragen und Beamerbilder sind nur Anregungen für die Theatergruppen, die dieses hoffentlich bewegende, der drohenden Klimalaise entgegnende Klimodram für Klimateure irgendwann auf ihre Bühnen bringen werden.

Alles Gute für die Bretter und die Welt, die sie bedeuten!

Curitiba, 05.02.2020   Dr. Konrad Yona Riggenmann
kyriggenmann@gmail.com   konrig@t-online.de

Foto des jungen Baumpflanzers: mit Dank an Cristiane Sampaio, Brasil de Fato, 16.12.2019. "Em contraponto ao desmonte ambiental, MST planeja plantar 100 milhões de árvores nos próximos dez anos" – „Gegen die Umweltzerstörung plant MST [die Landlosenbewegung *Movimento Sem Terra*] die Pflanzung von 100 Millionen Bäumen in den nächsten zehn Jahren."

Literaturbasis des Autors

Thema Klima:

Klein, Naomi: This Changes Everything. Capitalism and Climate Change. New York 2014.
Rahmstorf, Stefan und **Schellnhuber**, Hans-Joachim: Der Klimawandel. Diagnose, Prognose, Therapie. 8., vollständig überarbeitete und aktualisierte Auflage, München 2018.
Romm, Joseph: Climate Change. What Everyone Needs to Know. Oxford University Press 2018.
Wallace-Wells, David: The Uninhabitable World. A Story of the Future. London 2019.

Thema Drama:

Boal, Augusto: Theater der Unterdrückten. Frankfurt am Main 1989.
Boal, Augusto: Der Regenbogen der Wünsche. Seelze 1999.
Goethe, Johann Wolfgang: Faust. Der Tragödie erster Teil. Stuttgart 1986.
Schutzman, Mady und **Cohen-Cruz**, Jan: Playing Boal. New York 2005.

Thema Musik:

Leitão, Luiz Ricardo: Noel Rosa. Poeta da Vila, Cronista do Brasil. São Paulo 2009.
Pasternak, Velvel: The Mordechai Gebirtig Songbook. Tara Publications, USA 1998.

Thema Mensch:

Aron, Elaine N.: The Highly Sensitive Person. New York 1997.
Aron, Elaine N.: The Highly Sensitive Person in Love. NY 2001.
Brackmann, Andrea: Jenseits der Norm – hochbegabt und hoch sensibel? Stuttgart 2005.
Prezia, Benedito, **Maestri**, Beatriz Catarina, **Galante**, Luciana: Povos Indígenas. Terra, cultura e lutas. São Paulo 2019.
Yovel, Yirmiyahu: The Other Within. The Marranos: Split Identity and Emerging Modernity. Princeton/Oxford 2009.